# 图解知识产权 ABC

**第2版**

国家知识产权局知识产权新闻宣传中心 ◎ 组织编写

知识产权出版社
全国百佳图书出版单位

图书在版编目（CIP）数据

图解知识产权 ABC(第2版)/国家知识产权局知识产权新闻宣传中心组织编写.—北京：知识产权出版社，2014.4（2017.9重印）（2018.6 重印）（2020.9 重印）
ISBN 978-7-5130-1973-6

Ⅰ.①图… Ⅱ.①国… Ⅲ.①知识产权—基本知识—中国 Ⅳ.①D923.4

中国版本图书馆CIP数据核字（2013）第057898号

**内容提要**

本书分为知识产权总览、专利权、商标权、著作权以及其他知识产权5个篇章，通过图文并茂的对话形式，生动形象地向公众普及知识产权基本常识，介绍知识产权保护和运用策略，以树立公众"尊重知识、崇尚创新、诚信守法"、保护知识产权的观念。

**读者对象**：广大社会公众。

责任编辑：李 琳 倪江云 　　　　责任校对：韩秀天
装帧设计：李会芳 陈佳佳 　　　　责任出版：卢运霞

## 图解知识产权 ABC(第2版)
Tujie Zhishichanquan ABC (Di 2 Ban)

国家知识产权局知识产权新闻宣传中心　组织编写

| | | | |
|---|---|---|---|
| 出版发行：知识产权出版社有限责任公司 | | 网　　址：http://www.ipph.cn | |
| 社　　址：北京市海淀区气象路50号院 | | 邮　　编：100081 | |
| 责编电话：010-82000887/82000860转8541 | | 责编邮箱：wangyumao@cnipr.com | |
| 发行电话：010-82000860转8101/8102 | | 传　　真：010-82005070/82000893 | |
| 印　　刷：天津市银博印刷集团有限公司 | | 经　　销：各大网络书店、新华书店及相关销售网点 | |
| 开　　本：720mm×960mm　1/16 | | 印　　张：6.5 | |
| 版　　次：2014年4月第1版 | | 印　　次：2020年9月第4次印刷 | |
| 字　　数：120千字 | | 定　　价：38.00元 | |
| ISBN 978-7-5130-1973-6 | | | |

出版权专有　侵权必究
如有印装质量问题，本社负责调换。

# 编 委 会

主　　　编：廖　涛
副　主　编：王岚涛　赵志彬

策　　　划：朱　宏
编辑部成员：李　琳　孙萍萍　李宏奎
　　　　　　曾玉轩　卢海鹰　卢学红
　　　　　　杨　非　熊　鹰　祖阿颖

撰　　　文：倪江云　蔡　莹
插　　　画：杜沣轩　陈佳佳

# 编者的话

当您看到这本《图解知识产权ABC（第2版）》时，也许会有似曾相识之感。是的，２００２年我国甫一加入世界贸易组织之际，正是《图解知识产权ABC》第１版出版之时。当时，为满足企业界和社会公众在经济全球化背景下对包括知识产权在内的国际贸易规则的认知与了解的渴求，《图解知识产权ABC》第１版集中介绍了这一领域的基本概念、历史沿革和发展情况。其内容发布及时、文字通俗易懂、形式生动活泼，受到业内外人士的广泛好评。

光阴荏苒，时光飞度。十多年后的今天，我国的社会、经济、科技形势已有突飞猛进的跨越性发展，知识产权已成为当今世界各国经济发展的战略性资源和国际竞争力的核心要素，《专利法》《著作权法》《商标法》等多部法律进行了修改调整，知识产权制度内容更加丰富，保护日趋健全，企业和社会公众对深刻理解、灵活运用知识产权制度提出了新的、更高的要求。适逢《国家知识产权战略纲要》颁布实施六周年，国家知识产权局知识产权新闻宣传中心重新组织编写了这本《图解知识产权ABC（第2版）》，为更广泛宣传普及知识产权常识、促进各个层面知识产权战略制定与实施、建设知识产权文化尽绵薄之力。

本书沿用了第1版轻松活泼、图文并茂、通俗易懂的写作编排风格，内容全面涵盖专利、商标、著作权等知识产权领域基本常识，注重引导读者深入思考，方便读者理解和掌握。

本书付梓之时，正是北京的春天。春回大地，杨柳吐蕊，一派生机勃勃。党的十八届三中全会吹响了全面深化改革的号角，知识产权事业的发展也面临着更多的机遇与挑战，我们在知识产权文化建设领域里默默耕耘，播种施肥……近些年来，"尊重知识、崇尚创新、诚信守法"的理念已广为传播，并不断深入人心。这本小书代表着我们的一份努力，一份执着，一份追求……我们将不懈奋斗，早日迎来知识产权文化建设硕果累累的丰收景象。

编委会
2014年3月15日

大家好！我是知识产权百事通，大家都叫我博士。
**博 士**

我对知识产权充满好奇……
**郝 问**

热爱发明，对专利一知半解。
**发明哥**

小有名气的作家，稿约不断，对著作权非常关注。
**李作家**

事业刚刚起步的企业家，希望早日拥有属于自己的国际大品牌。
**王 总**

# 目录

## 第1章 知识产权总览

1. 什么是知识产权 ………… 2
2. 知识产权的由来（一）………… 4
3. 知识产权的由来（二）………… 7
4. 知识产权在中国 ………… 10
5. 知识产权战略 ………… 13
★ 小资料 ………… 16

## 第2章 专利权

1. 专利和专利的不同类型 ………… 18
2. 如何申请专利 ………… 21
3. 专利检索及IPC分类 ………… 24
4. 专利审批及流程 ………… 26
5. 专利复审和无效宣告程序及司法救济 ………… 29
6. 假冒专利与专利纠纷的解决 ………… 33
★ 小资料 ………… 36

## 第3章 商标权

1. 商标及商标功能 …………… 38
2. 商标种类与驰名商标的认定 …………… 42
3. 商标注册申请流程及限制 …………… 46
4. 商标使用与注册商标的标注 …………… 51
5. 商标侵权纠纷及其解决途径 …………… 54
6. 商品和服务分类与《尼斯协定》 …………… 56
★ 小资料 …………… 58

## 第4章 著作权

1. 作品、著作权与著作权人 …………… 60
2. 作品传播者与邻接权 …………… 64
3. 著作权合同与著作权人的权利限制 …………… 66
4. 著作权登记 …………… 69
5. 著作权集体管理 …………… 71
6. 著作权侵权纠纷及其法律责任 …………… 73
★ 小资料 …………… 76

## 第5章 其他知识产权

1. 植物新品种权 …………… 78
2. 集成电路布图设计专有权 …………… 82
3. 地理标志 …………… 85
4. 商业秘密与反不正当竞争 …………… 88
5. 传统资源 …………… 90
★ 小资料 …………… 94

# 知识产权总览

## 第 1 章

什么是知识产权
知识产权的由来（一）
知识产权的由来（二）
知识产权在中国
知识产权战略
小　资　料

# 什么是知识产权

**郝问**：博士，什么是知识产权啊？

**博士**：简单来说，就是指人的智力劳动成果受到法律保护，成果的拥有者在一定的期限内能享受法律所赋予的相应权利。

**郝问**：发明哥、李作家、王总他们都说自己有知识产权，可是他们所从事的工作领域相差很远呀！

**博士**：这很正常，因为知识产权涉及的范围很广。发明哥常常搞发明申请专利，所以他有专利权；李作家写书，她有著作权；王总创业开公司，他拥有公司产品或服务的商标权。

**郝问**：我有点明白了，专利权、著作权和商标权都是知识产权的一部分。

**博士**：你很聪明。除了这些，还有地理标志、商业秘密、集成电路布图设计、植物新品种等也都是知识产权保护的内容。

**郝问**：听起来好高端啊，感觉和我们普通人的距离太远了。

**博士**：恰恰相反。看看你房间里的桌子、椅子、电脑、手机，还有你看的书籍和电影，从生活到娱乐，哪一样没有知识产权的影子？单是一部智能手机，就包含了专利权、商标权、著作权和集成电路布图设计专有权等权利。只要你细心观察，知识产权时刻都在我们身边。

**郝问**：哈哈，真有意思！我这就去找找周围还有哪些知识产权！

## 知识产权的由来（一）

**郝问**：博士，博士！真是不查不知道，我们身边和知识产权有关的东西太多了！而且像留声机、蒸汽机那么古老的发明也都有知识产权，难道知识产权很早就存在吗？

**博士**：是啊！在汉字中最早出现的"专利"一词可追溯到秦朝以前的周朝。

**郝问**：啊！我们国家那么早就有专利法了吗？

**博士**：那倒还没有。当时"专利"一词的意思跟现在的用法不太一样。最早的专利是一种君主特许的独占权，君主颁授特权并从中获利。这种不用多征税就可以增加君主收入的办法逐渐使得专利授权泛滥。以英国为例，从伊丽莎

白女王统治时期开始,很多过时技术甚至连淀粉和盐这些生活必需品都被授权垄断经营,引发了民众的强烈不满。

**郝问**:这可够乱的呀!那么专利是在什么时候形成了法律的呢?

**博士**:根据现有史料记载,世界上最早的专利法是1474年诞生的《威尼斯专利法》。该法规定,新颖、实用的机械装置经制造者在元老院登记后,其他人10年内未经许可不得制造,否则会受到处罚。

**郝问**:哇,提到了新颖性和实用性,就像咱们现代的专利法一样。

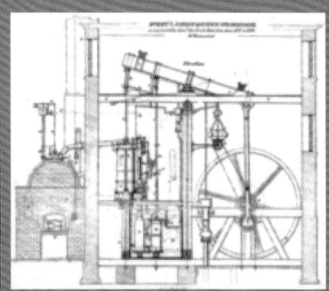

瓦特和他的蒸汽机专利图(1787年)

**博士**:还是有很大不同哦!当时元老院收集这些技术是为了用于威尼斯的市政建设,所以政府可以随意使用这些发明装置,而且基本排除了与市政建设无关的发明,保护对象也仅限于机械装置的制造。

**郝问**:原来是这样。那保护范围是什么时候扩大的呢?

爱迪生和他的电灯专利图(1880年)

# 图解知识产权 ABC

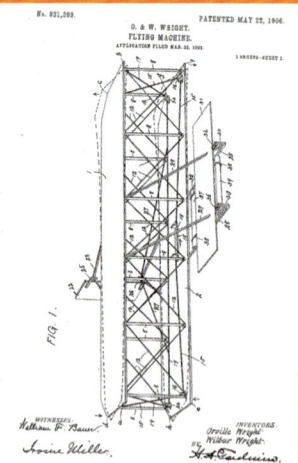

莱特兄弟和他们的飞机专利图（1906年）

**博士**：1623年，英国颁布了《垄断法规》，并于1624年开始实施。它规定此后只对新制造品的第一个真正发明人授予为期14年以内的专利证书和特权。发明人在此期间有权独自制造和经营该产品，其他人不得侵权。这个法规被认为是世界上具有现代意义的第一部专利法，引得欧美其他国家纷纷效仿，现代专利制度也由此步入发展阶段。此后，世界上有许多对人类文明产生重要影响的发明被授予了专利权。比如你刚才所说的蒸汽机、飞机和拉链，还有电灯、电话、雷达、晶体管、电视机等。

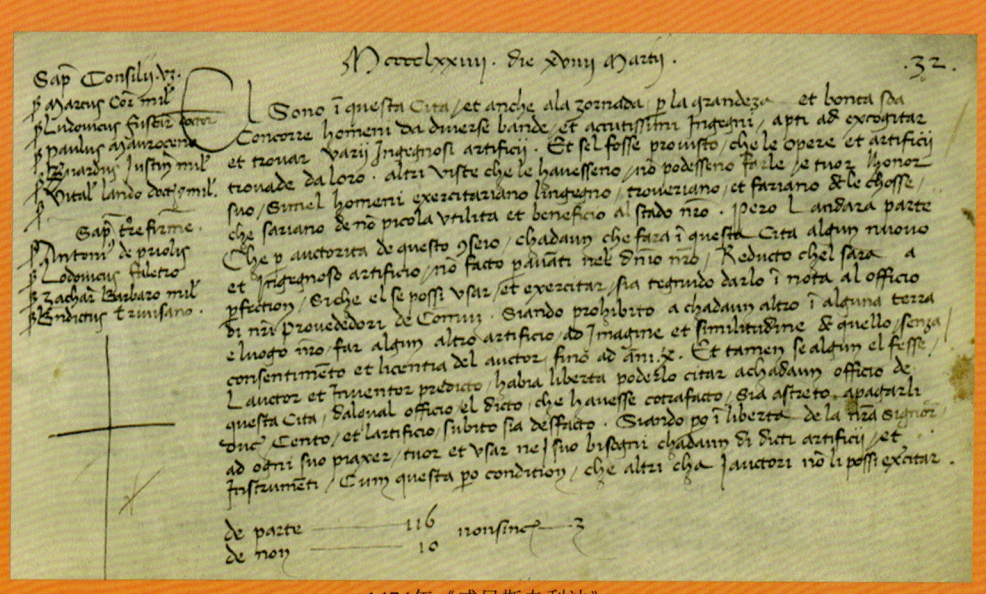

1474年《威尼斯专利法》

## 知识产权的由来（二）

**郝问**：原来专利法的形成那么曲折啊！您刚才说了专利，那著作权呢？

**博士**：著作权最早出现是为了防止盗版。15世纪后期，印刷术的出现和发展，使得文字类作品的传播更加广泛，盗印也变得简单。可这样一来，出版商们的利益就会遭受损失，所以后来英国的出版商们极力要求英王给予他们特许权利来保护他们的利益。时间一久，人们逐渐意识到，所出版的文字作品本身也是一种劳动产品，作者在进行创作活动时的付出与其他劳动成果的创造者没有根本区别，他们的利益也需要得到充分的保护。

**博士**：1709年，英国颁布了《安妮女王法》，对书籍作者的权利进行保

谷登堡和早期木版印刷作坊图

护。这部法律被誉为著作权法的鼻祖，也成为其他欧美国家制定著作权法的范本。1793年法国颁布了著作权法，这部法律不仅规定了著作财产权，而且还特别强调了著作权中的人格权。此后，许多大陆法系国家制定著作权法时，都以该法作为典范。

**郝问**：原来专利权和著作权最早都是君主赐予的特权。商标权也是一样吗？

**博士**：哈哈！你猜错了。商标保护起源于欧洲的商会和行会。为了区分生产者，需要在商品上打上行会认可的标记，这就有了商标的概念。法国1804年颁布的《拿破仑法典》，第一次肯定了商标权跟其他财产权一样受保护。1857年，法国制定了世界上第一部现代意义的商标法，成为世界上第一个建立起商标注册制度的国家。

《安妮女王法》原版首页

**郝问**：原来是这样。那么知识产权的概念是什么时候出现的呀？

**博士**：17世纪中叶法国学者卡普佐夫提出了"知识产权"一词。后来比利时著名法学家皮卡第将知识产权的范围扩展,定义为"一切来自知识活动的权利"。很显然,这就将专利权、商标权、著作权等全都囊括其中了,并为"知识活动"范围的拓展,预留了空间。

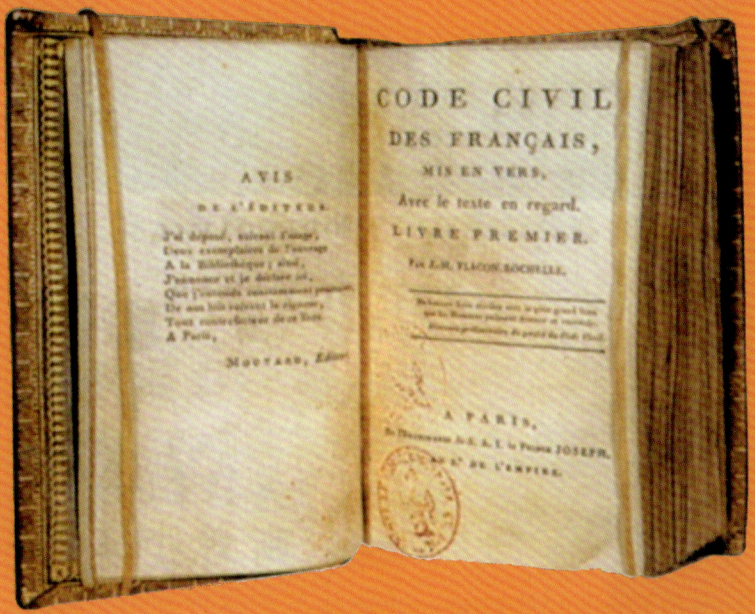

《拿破仑法典》书影

图解知识产权 ABC

# 知识产权在中国

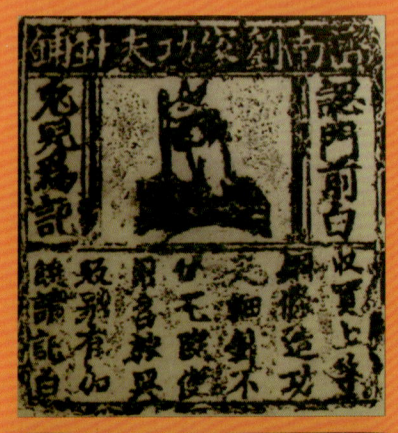

北宋时期商标——济南刘家功夫针铺
白兔两边刻着"认门前白兔儿为记",下面刻着"收买上等钢条,造功夫细针,不误宅院使用;各转兴贩,别有加饶,请记白。"

**郝问**:博士,您刚才一直说的都是国外的事儿,知识产权在中国的情况是什么样的啊?

**博士**:近代以前,我国一直没有建立起相应的知识产权制度。这恐怕也是古代科技发达的中国到了近代却发展缓慢,与西方国家差距不断拉大的原因之一。18世纪以后,西方列强对外扩张的脚步一次次踏上中国的领土,也给中国社会的固有格局和国人传承已久的价值体系带来了强烈冲击,迫使清政府逐步做出了一系列效法西方国家的改革举措。建立知识产权制度,促进商品经济发展是其中措施之一。

**郝问**:原来知识产权这么重要哇!中国是什么时候建立起知识产权制度的呢?

**博士**：1898年7月，清政府颁布了《振兴工艺给奖章程》，主要内容便是对发明创造给予一定期限保护的规定，尽管没有用"专利法"这个名称。1944年，国民政府则颁布了《中华民国专利法》。然而，知识产权制度真正在中国得以实施、完善并蓬勃发展，是1982年《中华人民共和国商标法》及1984年《中华人民共和国专利法》颁布以后。而后各项法律法规经过不断修订，形成目前既符合我国发展现状又比较完善的知识产权制度。

《振兴工艺给奖章程》（1898年）
中国第一部专利法规

↓

《商标注册试办章程》（1904年）
中国第一部商标法规

↓

《大清著作权律》（1911年）
中国第一部著作权法规

---

**郝问**：与国外相比，中国的知识产权制度有哪些特色呢？

**博士**：行政保护和司法保护并行是具有中国特色的知识产权保护模式。我国专利法集合了发明、实用新型和外观设计三种专利类型，具有鲜明的中国特色。

**郝问**：知识产权的内容那么多，那么涉及的管理部门是不是也很多呀？

**博士**：是的。除了国家知识产权局负责组织协调全国保护知识产权工作并主管专利以外，还有国家版权局主管著

**12330**：知识产权维权援助与举报投诉电话
**12312**：商务举报投诉电话
**12315**：消费者投诉举报电话
**12390**：侵权盗版举报电话
**12365**：产品质量投诉举报电话
**12318**：文化市场举报电话

作权工作,国家工商行政管理总局主管商标,同时它还与国家质量监督检验检疫总局和农业部一起主管地理标志,国家林业局和农业部主管植物新品种,海关总署主管知识产权海关保护,等等。

**郝问**:涉及这么多部门啊!

**博士**:对啊!所以你看许多与知识产权相关的活动都有多部门的共同参与。比如常听到的"打击侵犯知识产权和制售假冒伪劣商品专项行动"、打击网络侵权盗版专项治理"剑网行动"以及围绕每年4月26日"世界知识产权日"所开展的为期一周的"全国知识产权宣传周"等。

# 知识产权战略

**郝问**：我总听别人说到知识产权战略，请问什么是知识产权战略啊？

**博士**：顾名思义，就是针对知识产权工作做出具有纲领性、全局性的整体规划。这样的规划涉及知识产权创造、运用、保护和管理的法律、政策以及执行措施、社会环境建设等，具有丰富的内涵和阶段性目标。

**郝问**：您跟我说说国家知识产权战略吧？

**博士**：国家知识产权战略就是从国家层面制定出的知识产权工作整体规划。20世纪80年代，随着知识经济的潮流风起云涌，创新能力的巨大价值和无限潜力越来越成为世界共识。与创新能力密切关联的知识产权制度也越来越受到关注，美、日、韩等国家纷纷制定知识产权战略，目标都是通过完善法律、重新界定权利归属和利益分配，谋求利益的最大化。我国的《国家知识产权战略纲要》是2008年6月5日由国务院颁布实施的。与其他发达国家相比，我国的知识产权战略更加强调知识产权的创造、运用、保护和管理的平衡发展和创新能力的全面提高。

**郝问**：从制度设计到战略目标都有自己的特色，我们国家非常重视知识产权啊！

**博士**：那当然。因为知识产权是国家发展的战略性资源和国际竞争力的核心要素之一。改革开放以来，党和国家领导人一直都非常重视知识产权。党的十八届三中全会审议通过的《关于全面深化改革若干重大问题的决定》更是提到加强知识产权运用和保护，健全技术创新激励机制，探索建立知识产权法院等具体事项，指明了今后一个时期我国知识产权事业发展的方向。

**郝问**：怎样评价知识产权在中国的

发展？

**博士**：知识产权在中国的发展速度之快举世瞩目。主要体现在：一是法律制度的建立与完善，在短短30年间制定并实施了各项知识产权法律法规并不断加以修改，更加适应社会、经济的发展需要。比如《专利法》，自1984年颁布后，已完成了三次修改，2012年又形成了第四次修改草案；《商标法》也在2013年进行了第三次修改；《著作法》已完成两次修改，第三次修改正在酝酿中。二是各项知识产权申请（注册、登记）和授权量大幅度上升，以专利为例，2013年三种专制申请量已超过237万件，是当年全世界申请量最多的国家；商标的注册申请量增速也很可观，等等。上述两个方面是显而易见的进步，实际上，更大的发展与进步是公众的知识产权意识从无到有，逐渐增强。

# Pat.

专利英文简称标识　　注册商标标识　　著作权标识

## ★ 小　资　料

### 世界知识产权日的由来

　　1970年4月26日是《建立世界知识产权组织公约》生效的日期。1999年，在世界知识产权组织（WIPO）第34次成员国大会上，由中国和阿尔及利亚提议，将4月26日定为纪念日，此提议在2000年的第35次成员国大会上获得通过。自2001年始，每年的4月26日作为"世界知识产权日"。自2001年起，在每年的4月26日，各国都会以不同方式开展各项宣传活动，助推知识产权知识的普及。

### 部分知识产权主管机构网络链接

　　国家知识产权局：http://www.sipo.gov.cn/

　　科学技术部：http://www.most.gov.cn/

　　工业和信息化部：http://www.miit.gov.cn/

　　农业部：http://www.moa.gov.cn/

　　商务部：http://mofcom.gov.cn/

　　文化部：http://www.ccnt.gov.cn/

　　海关总署：http://www.customs.gov.cn/

　　国家工商行政管理总局商标局：http://sbj.saic.gov.cn/

　　国家质量监督检验检疫总局：http://www.aqsiq.gov.cn/

　　国家新闻出版广电总局：http://www.gapp.gov.cn/；http://www.chinasarft.gov.cn/

　　国家林业局http://www.forestry.gov.cn/

### 部分知识产权宣传平台网络链接

　　国家知识产权战略网：http://www.nipso.cn/

　　人民网知识产权频道：http://ip.people.com.cn/

　　中国知识产权资讯网：http://www.iprchn.com/

　　中国知识产权网：http://www.cnipr.com/

# 专利权

## 第 2 章

专利和专利的不同类型
如何申请专利
专利检索及IPC分类
专利审批及流程
专利复审和无效宣告程序及司法救济
假冒专利与专利纠纷的解决
小　资　料

# 1 专利和专利的不同类型

**郝问**：发明哥总有些奇思妙想，这几年来他不是在实验室里搞发明，就是跑专利事务所申请专利，忙得不亦乐乎。我想问问博士，发明成果一定要申请专利吗？获得专利权有什么好处？

**博士**：专利权是法定机构授予申请人在一定期限内，对其发明成果享有独占、使用和处分的权利，也就是说，申请了专利，发明人的发明成果就会受到法律保护，有了法律保护，发明人的专利技术可转让或许可他人实施，而且可以作价入股，实现专利运营，繁荣市场，创造财富。你说发明成果要不要申请专利呢？

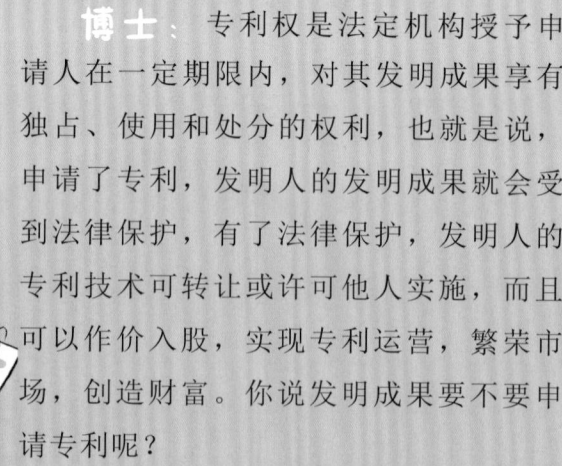

**发明哥**：申请专利还是很必要的。我已经有了几件专利，都是实用新

型。因为代理人说申请实用新型专利容易得到授权,而且时间短。是这样吗?

**博士**:是的。按照我国专利法规定,专利分为发明、实用新型和外观设计三种。其中实用新型专利和外观设计只要通过初步审查、符合法律规定就可以了。发明专利的门槛高些,必须经过实质性审查,所以发明专利的审查需要更长的时间。当然,一旦获得授权,其获得保护的有效期更长,含金量也更高。

**发明哥**:除了有效期长以外,含金量高还体现在哪些地方呀?

**博士**:因为通过了实质性审查,发明专利的新颖性、创造性更有保障。

**发明哥**:发明难度大,发明专利的技术水平更高。

**博士**:是的。

**发明哥**:可申请发明专利通不过怎么办?再说审查的时间那么长,也影响我的成果转化呀!

**博士**:你可以同时申请发明专利和

实用新型专利啊!这样做可以先满足你希望尽快获得法律保护的需要,等发明专利实质审查通过,授权时你可以选择放弃之前的实用新型专利。如果你的发明成果比较多,还要有专利布局的意识,有策略地选择申请时机、申请地域以及不同专利技术的组合,形成专利技术集群效应。

**发明哥**:这我倒没想到呢,请博士指点一下迷津啊!

**博士**:比如可以围绕一项发明创造,申请多个或不同类型的专利保护,有主有次,形成防御,这样可以在许可实施中争取优势,也能更有效地防止别人抢占先机或侵权。

# 如何申请专利

**郝问**：申请专利的确有好处。博士，我也可以申请专利吗？

**博士**：理论上来说，任何人都可以申请专利。但是，申请人要综合考虑几方面因素，要提交一系列专利申请文件，还必须经过一套完整的审批流程。

**郝问**：需要考虑什么因素呢？

**博士**：申请专利，首先需要进行专利检索，以及考虑申请何种专利。另外，要衡量你的发明是否具备专利的"三性"（新颖性、创造性和实用性）要求。还要了解申请文件的填写格式和撰写要求、提交方式、费用标准和主要审批程序等。专利申请文件的撰写是一项专业性很强的工作，最好能够请专利

代理人帮忙。

**郝问**：原来还有那么多知识需要掌握啊！

**发明哥**：对啊！除了博士刚才说的那些，作为发明人，还应该注意：在提出专利申请以前，应当对申请内容保密，以防不慎泄露后导致发明成果丧失新颖性哦！

**博士**：除发明哥提到的注意事项外，还要留意缴纳申请费、审查费、专利登记费、年费等费用，这些费用对于个人来说还是不少的。而且取得专利权以后，专利技术的评估、专利的实施与许可以及可能获得的经济效益等问题也要认真预测和调研。

**郝问**：看来申请一项专利要考虑的问题还真挺多的！对了，我还不知道应该去哪儿申请呢？

**博士**：申请国内专利，一般有两种途径：传统方式是将申请文件面交至国家知识产权局专利局的受理窗口或设在地方的国家知识产权局专利局代办处，或者寄交至国家知识产权局专利局受理处或专利局××代办处，目前国内设有30个代办处；也可以通过"中国专利电子申请网"递交专利申请。专利审查时对申请人所递交的申请材料要求严格，专业性强，有专门的专利代理机构为申请人提供帮助，以提高专利申请成功的概率，确保申请质量。

**郝问**：那申请国外专利呢？

**博士**：基于专利保护的地域性，如果要想发明能在国外受到保护，需要申请国外专利。向国外申请专利，一般有三种途径：一是通过国家途径，即逐一向各国/地区申请专利；二是通过区域性专利组织途径申请；三是通过国际途径，即通过《专利合作条约》（PCT）途径申请。但中国申请人向国外申请专利，一般都要先通过保密审查后才能进行。

**郝问**：我这就去看看。

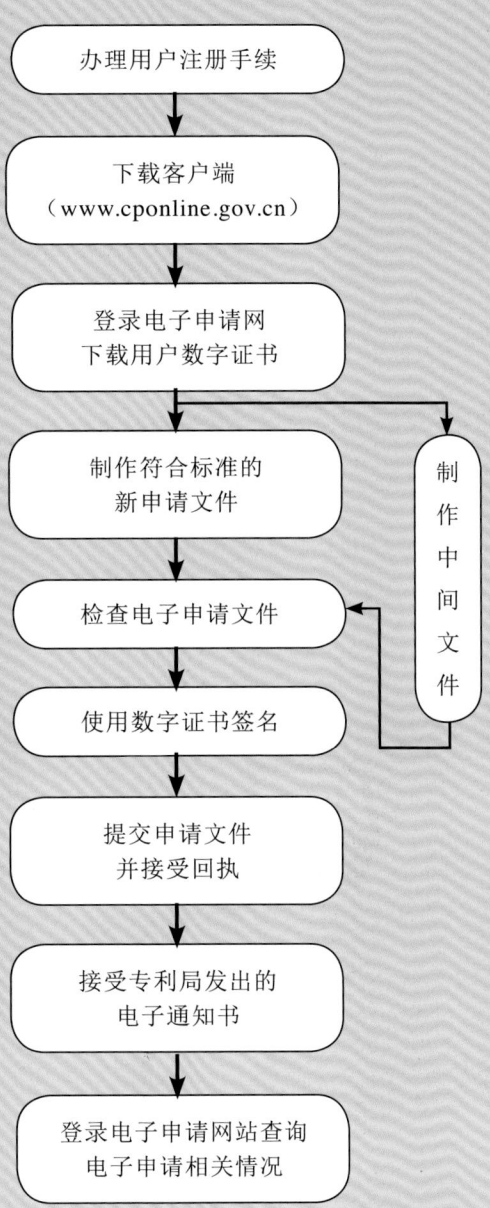

□电子申请使用流程

# 3 专利检索及IPC分类

SIPO检索通道
USPTO检索通道
JPO检索通道
EPO检索通道
WIPO检索通道

专利检索网上通道

**郝问**：博士，您之前说申请专利要具备"三性"，怎样才能知道我的发明是不是符合要求呢？

**博士**：你可以到国家知识产权局进行专利检索啊！根据你需要了解的数据或信息特征，做数据库检索，或者利用网络资源进行专利检索。

**发明哥**：我也有个问题想问问博士。假如我要检索国外专利，应该怎么办呢？

**博士**：国家知识产权局网站开通了几条国外专利检索通道，供发明人查询使用，很方便的。

**郝问**：那么多专利，检索起来从何

入手啊?

**博士**:噢!那要先从分类入手。简单地说,先要确定你的发明属于哪一类?再分门别类地去查,否则不就成了大海捞针?

**郝问**:是啊!就像查地址,先要有个分区,再查街、区、门牌号。

**博士**:可以这么理解。目前国际通用的《国际专利分类表》,是按照部、大类、小类、大组、小组的顺序逐级进行分类的。《国际专利分类表》包括:人类生活必需品、物理、电学、固定建筑物等8个大类,编号从A到H。

**发明哥**:全世界都用这个专利分类表吗?

**博士**:这是通用的分类体系(IPC)。除此以外,还有欧洲专利分类体系(ECLA)、美国专利分类体系(USPC)、日本专利分类体系(FI)等。

**郝问**:太专业了!看来我需要学习的东西太多了。

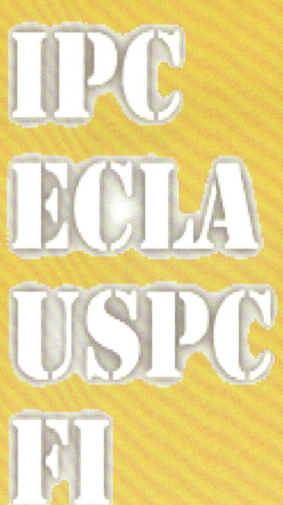

图解知识产权 ABC

# 专利审批及流程

**发明哥**：博士，前些天我向国家知识产权局递交了一件发明专利申请。

**郝问**：哇，发明哥好厉害！真的申请发明专利啦！提交申请之前所有的材料都准备齐了吗？有没有经过专利检索呢？

**发明哥**：哈哈，你才厉害啊！学得真快啊！请郝同学放心，我聘请了专利代理人，他们帮我做过专利检索，发明专利请求书、说明书及其摘要、附图、权利要求书等等材料全都准备齐全了，就等授权啦。

**郝问**：发明哥信心十足，安心等着就行啦！

**博士**：可不是光等着呀！在专利审批过程中，申请人要配合专利代理人，完成补正、修改和答复等审批流程。这对于顺利通过审批、缩短审批时间至关重要，有时甚至对专利申请的结果都可能产生重要影响。专利审批流程如下：

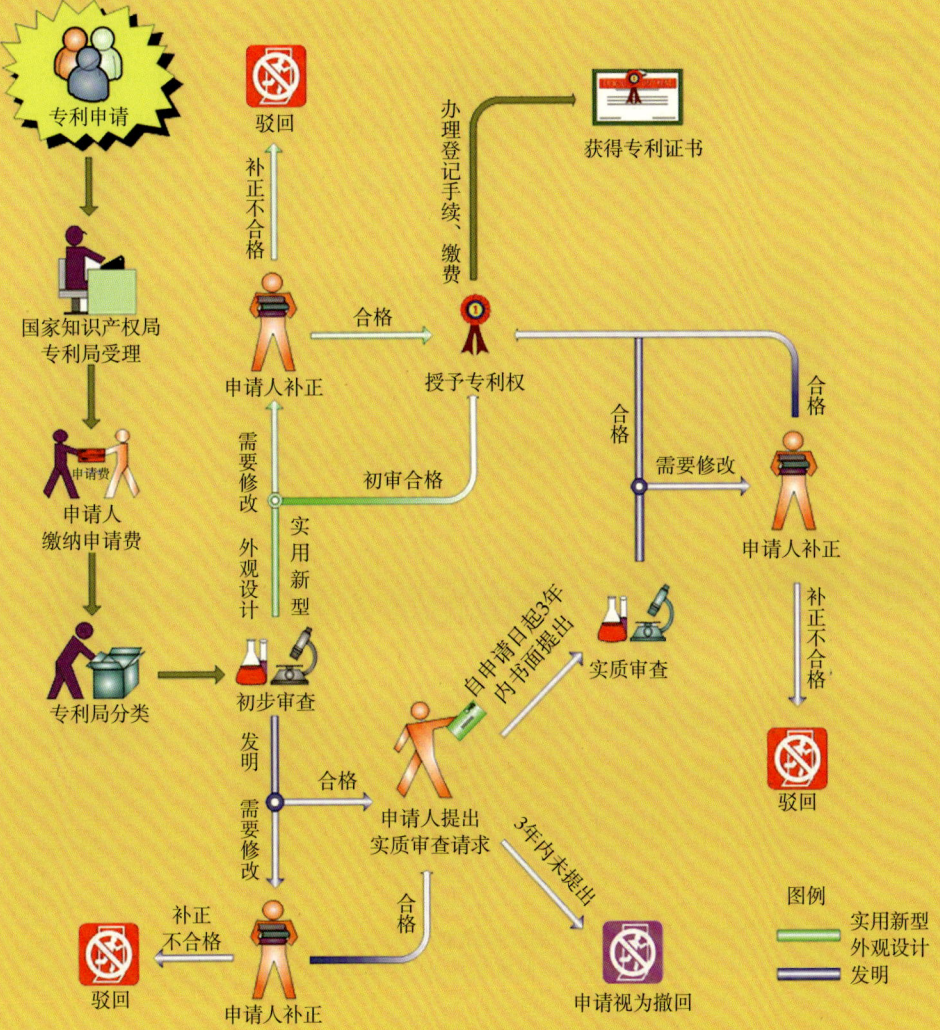

专利审批流程

参见：http://www.sipo.gov.cn/zlsqzn/sqq/zlspcx/200804/t20080418_383666.html。

**发明哥**：博士说得对。对整个审批过程我还是要密切关注的。

**郝问**：原来这样啊！那么专利审批大概需要多长时间？要经过哪些程序？

**博士**：根据不同的专利类型，审批过程可能需要几个月或更长一段时间。发明哥这次申请的发明专利审批程序包括受理、初审、公布、实审、授权五个阶段，审批时间会比较长。实用新型和外观设计专利的审批流程中不包括公布和实审，只有受理、初审和授权三个阶段，所以如果顺利的话，不出1年就能获得授权！但向国外申请专利周期更长。

**郝问**：希望发明哥的专利申请能够早日得到批准哦！

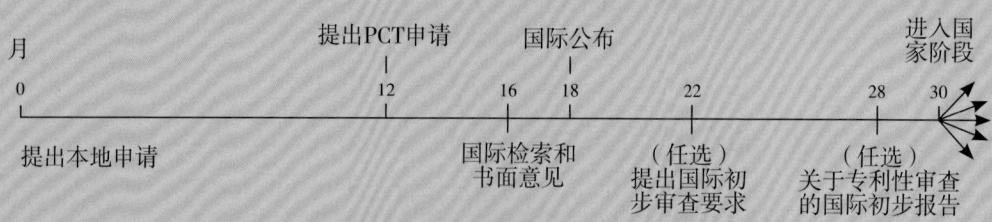

**PCT体系专利申请示例**

参见：WIPO第917号（C）字出版物。

# 5 专利复审和无效宣告程序及司法救济

**发明哥**：真郁闷，我的发明专利申请被驳回了。

**郝问**：为什么呀？

**发明哥**：审查员说我的申请不符合要求。

**郝问**：怎么会出现这种情况？

**博士**：这也很正常啊。对发明申请，授予其专利权是一件很严肃的事情。没通过审查可能是权利要求撰写不符合要求，也可能是补正或修改工作不到位等原因。具体原因驳回文件中会说明的。

**发明哥**：可是我在申请前很认真地做了功课的，各种申请材料也是认真准备的啊！

**博士**：别着急。如果你对国家知识产权局的驳回决定不服，可以向专利复审委员会书面提出复审请求。如果复审结果维持了原驳回决定，你依然觉得不服，还可以自收到通知之日起3个月内向法院起诉。专利复审的流程如下：

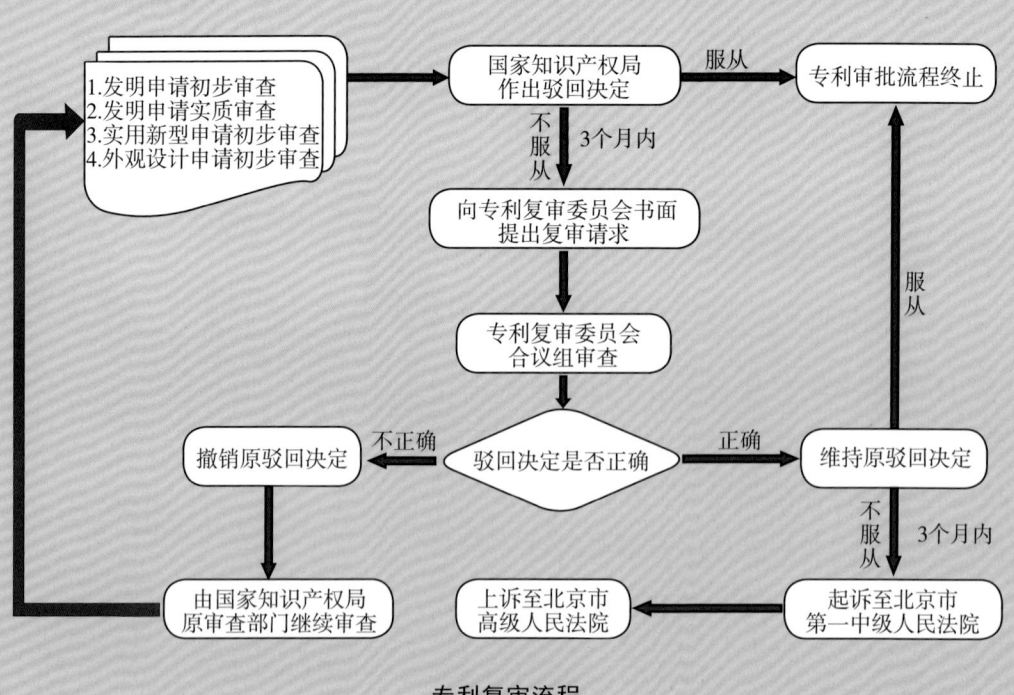

专利复审流程

**发明哥**：原来还有机会,太好了。

**郝问**：发明哥,看来只有拿到专利证书以后你才能高枕无忧啊!

**博士**：拿到专利证书当然好。但即便如此,任何单位和个人如果认为某件专利权的授予不符合《专利法》有关规定,也可以请求专利复审委员会宣告该件专利无效。专利无效宣告流程我一会儿就展示给你们看。

**发明哥**：啊?要是有人恶意为之,那我岂不是很冤枉?

**博士**：没关系啊,真金不怕火炼。如果你的专利技术的确没有问题,就经得住审查。即便被裁定权利无效,你还可以向法院起诉,寻求最终的司法救济。

**发明哥**：好!那我先去处理申请被驳回的问题。

**博士**：好事多磨。只要你的发明专利确实符合法定要求,你的申请一定会得到授权。

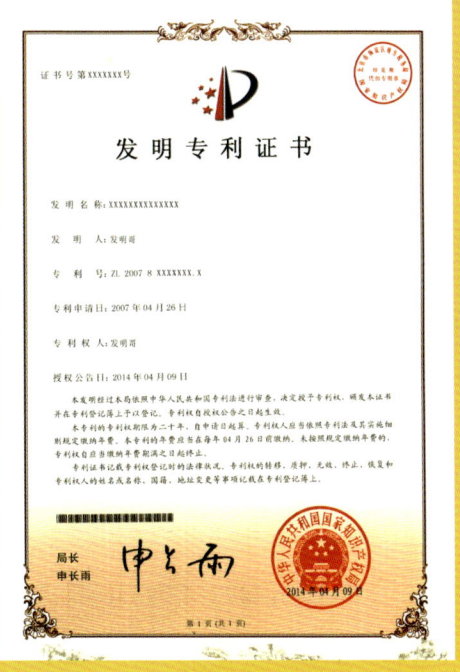

**发明哥**：谢谢博士。

**郝问**：发明哥，加油！

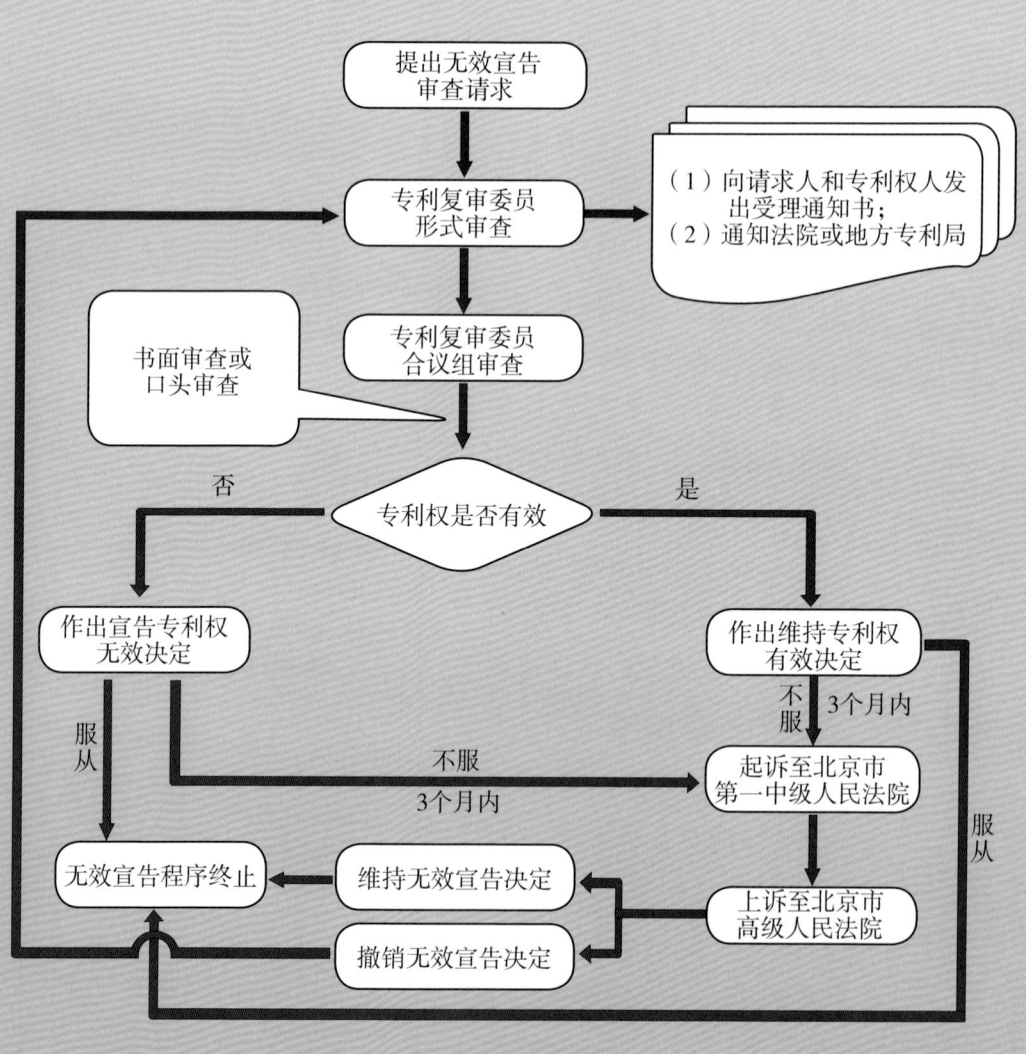

专利无效宣告流程

专 利 权

# 假冒专利与
# 专利纠纷的解决

**发明哥**：告诉大家一个好消息。我的发明专利申请终于通过审批,获得授权了!

**郝问**：恭喜发明哥!

**发明哥**：呃,还有个坏消息。我发现市场上有一些正在销售的商品,外包装上印的专利号居然跟我的专利号一模一样!

**博士**：发明哥,你曾经将专利转让或授权许可给这家企业用了吗?

**发明哥**：没有啊!我和这家企业一点儿关系也没有,我也是无意间发现的。

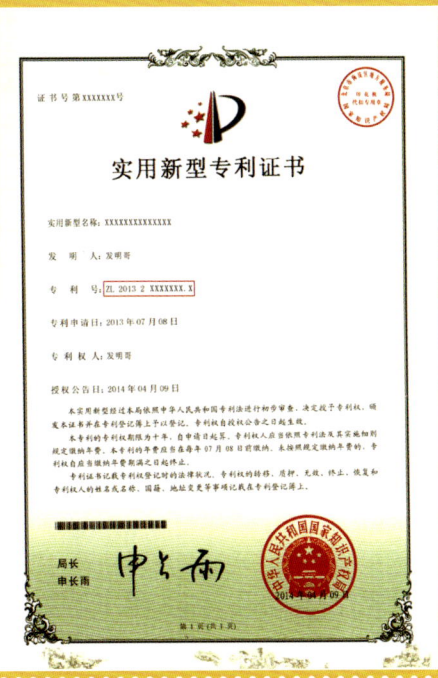

郝问：这应该算是侵权行为了吧？

博士：假如这个专利号是发明哥已经取得的、真实有效的，该企业在未经发明哥许可的情况下，擅自使用了这个专利号，就构成了假冒他人专利的行为。

专利标注不规范后果：假冒专利责任，罚款，刑罚。

发明哥：我应该怎样维护我的权益呢？

博士：《专利法》第63条、第64条对此有相关规定。假冒专利的人，除依法承担民事责任外，还会被没收违法所得，并受到金额为违法所得四倍以下的罚款；没有违法所得的，会被处以20万元以下的罚款；构成犯罪的，要被依法追究刑事责任。专利管理部门还可以查封或者扣押有证据证明属于假冒专利的产品。

郝问：还有刑事责任呀！

博士：对。我国的《刑法》第216条也规定，假冒他人专利，情节严重者处3年以下有期徒刑或者拘役，并处或单处罚金。

**郝问**：假冒专利的后果真的很严重啊！还有哪些行为属于假冒专利呢？

**博士**：哈哈，郝问同学果然好问啊！《专利法实施细则》第84条规定了假冒专利的各种行为，欲知详情可以去查阅一下。

**发明哥**：我现在很担心，要是以后再遇到假冒专利或者各种专利侵权行为，我应该怎么对付啊？

**博士**：别担心，不管遇到什么样的专利纠纷，都要从容应对。一般来说你有三种选择：一是协商解决；二是通过专利管理部门处理，三是向法院起诉。遇到纠纷有时并不是坏事，所以不必过于害怕专利纠纷。

**发明哥**：谢谢博士给我提供了这么多帮助！

**郝问**：谢谢博士教我学会了这么多知识！

## ★ 小 资 料

### ▫ 授予专利权的条件

●新颖性：发明或者实用新型不属于现有技术；也没有任何单位或者个人就同样的发明或者实用新型在申请日以前向国务院专利行政部门提出过申请，并记载在申请日以后公布的专利申请文件或者公告的专利文件中。

●创造性：与现有技术相比，该发明具有突出的实质性特点和显著的进步，该实用新型具有实质性特点和进步。

●实用性：该发明或者实用新型能够制造或者使用，并且能够产生积极效果。

授予专利权的外观设计，应当不属于现有设计；也没有任何单位或者个人就同样的外观设计在申请日以前向国务院专利行政部门提出过申请，并记载在申请日以后公告的专利文件中；与现有设计或者现有设计特征的组合相比，应当具有明显区别；不得与他人在申请日以前已经取得的合法权利相冲突。

### ▫ 申请专利需提交的文件（一式两份）

●发明专利申请：发明专利请求书、摘要、摘要附图（适用时）、说明书（涉及氨基酸或者核苷酸序列的应包括该序列表）、权利要求书、说明书附图（适用时）。

●实用新型专利申请：实用新型专利请求书、摘要、摘要附图（适用时）、说明书、权利要求书、说明书附图。

●外观设计专利申请：外观设计专利请求书、图片或者照片（要求保护色彩的，应当提交彩色图片或者照片）以及对该外观设计的简要说明。

### ▫ 专利标识标注规范要求

●在专利授权后的专利有效期内：中国发明专利/中国实用新型专利/中国外观设计专利＋授予专利权的专利号＋不会误导公众的其他文字、图形标记。

●专利权被授予之前：中国专利申请的类别、专利申请号，并标明"专利申请，尚未授权"字样。

# 商标权

## 第 3 章

商标及商标功能
商标种类与驰名商标的认定
商标注册申请流程及限制
商标使用与注册商标的标注
商标侵权纠纷及其解决途径
商品和服务分类与《尼斯协定》
小　资　料

# 商标及商标功能

**王总**：博士、郝问，两位好！来尝尝我公司生产的糖果。

**博士**：好啊，谢谢！

**郝问**："王小弟"牌奶糖！包装纸上还印着一个笑脸呢！哈哈，真好玩儿。

**郝问**：这糖真好吃！

**博士**：糖好吃，包装好玩儿！这下郝问可记住了。

**王总**：嘿嘿，我这商标创意和设计不错吧！

**郝问**：商标？原来这个就是商标啊！但是糖果包装上的笑脸和文字，哪个才是商标呢?

**博士**：都是！"王小弟"这个商标是文字和图形的组合，笑脸谐音"小"啊。按照我国《商标法》的规定，文字、图形、字母、数字、三维标志、颜色和声音等，以及上述要素的组合，都可以作为商标申请注册。在有些国家，气味要素也可以成为商标。

**郝问**：文字、图形等等这些能看得见的标志还好理解，声音和气味怎么能是商标啊？

**博士**：商标原则上可以由视觉、触觉、嗅觉或听觉类的要素构成，商标注册的关键在于商标要素的"显著性"，声音和气味商标在国外已有注册先例，这里给大家展示几个声音商标实例吧。比如，米高梅电影公司经典的狮吼声、诺基亚手机的"诺基亚之歌"铃声、英特尔公司的芯片"Intel inside"广告声，以及美国全国广播公司（NBC）的"三响音阶"都已获得注册。《商标法》第三次修改后，国内已有"中国好声音""恒源祥，羊羊羊"等开始申请注册声音商标。

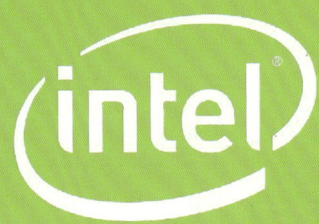

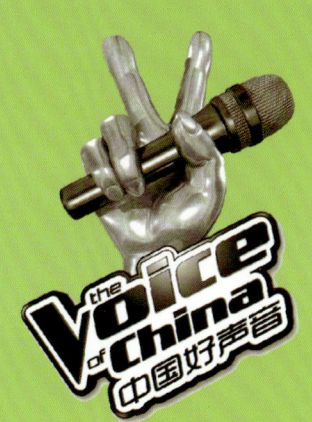

**郝问**：嗯，开眼界。商标显著性又是什么要求呢？

**博士**：商标显著性一般可以有两种方式获得：一是商标要素本身的设计有明显区分于已有商标而具有显著性，二是经长期的使用和宣传，使某一商标与商品或服务形成唯一联系而获得，也称"第二显著性"。例如，阿迪达斯体育用品的"三条杠"商标。

**郝问**：注册商标对于商品和服务来说很重要吗？

**王总**：那当然。商标就像人的脸面一样，一看就知道是谁。要是没有商标，你就不一定知道刚才吃的奶糖是我公司生产的呀！比如你吃一块炸鸡，是"肯德基"还是"麦当劳"？喝一杯牛奶，是"蒙牛"还是"伊利"？穿一件运动服，是"耐克"还是"阿迪达斯"？

**博士**：注册商标可以取得商标专用权，是受法律保护的一项知识产权呀！

**郝问**：有道理。

**博士**：除了王总刚才所说的商标的区分功能外，商标还有一些其他功能。

**王总**：我洗耳恭听。

**博士**：商标是生产者提供某种商品或服务的标志。有了这样的标识，消费者就能够通过对商标的辨识来选择满意的商品或服务，商品或服务的经营者也可借助商标进行市场竞争和宣传。此外，商标承载着商品和服务的信誉，优质的商品或服务可以提升商标价值，成为知识资产，通过商标许可等运营，进而为整个生产企业的资产增值。可以说，商标是企业的核心资产之一。可口可乐公司的老板曾经说过，即便可口可乐在全球的生产厂家一夜之间倾覆，仅凭"Coca·Cola"这一商标的价值，他们也能很快东山再起。

**郝问**：原来商标那么重要，难怪王总这么重视了！

**王总**：嗯！"王小弟"一定要向着"Coca·Cola"的方向努力，争取早日成为国际品牌！

## ② 商标种类与驰名商标的认定

**郝问**：博士，我有个问题请教。听说商标还分为商品商标和服务商标，是这样吗？

**博士**：这是为了商标检索、查询和管理的方便。否则，那么多行业、种类的商品和服务都有商标，查起来岂不是大海捞针一样？在我国，商标分为商品商标、服务商标、证明商标和集体商标四种。

商标分为以下4种类型

商品商标　服务商标　证明商标　集体商标

**郝问**：有什么不同呢？

**博士**：商品商标你已经知道了，是为了区别于其他商品的，具有商标的显著性。比如"NIKE""凤凰""Lenovo"等。在经济活动中，有些企业并不提供有形的商品，而是具有商业性质的服务项目，例如旅游服务行业的"中国国旅在线"商标、邮政服务的"中国邮政"商标，物流行业的"顺丰速递"商标等，都是为了区分不同服务的提供者的。

**郝问**：有些商品的包装上还印有"绿色食品"，也算是商标吗？

**博士**："绿色食品"属于"证明商标"的一种，它是由对某种商品或者服务具有监督能力的组织所控制，而由该组织以外的单位或者个人使用于其商品或者服务，用以证明该商品或者服务的原产地、原料、制造方法、质量或者其他特定品质的标志。大家比较熟悉的证明商标有"西湖龙井""中宁枸杞""安溪铁观音""金华火腿"等商标。类似的情形还有一种"集体商标"，是指以团体、协会或者其他组织名义注册，专供该组织成员在商业活动中使用，以表明使用者在该组织中的成员资格的标志。比如"顺德家电""佛山陶瓷"等。

**郝问**：是这样啊！长知识了！

**王总**：博士，"中国驰名商标"

也是商标的一种吗?

**博士**:驰名商标是指为相关公众熟知并具有较高声誉的商标,属于商标保护的一种状态,并不是商标的类型。

**郝问**:那"中国驰名商标"是评选出来的吗?

**博士**:驰名商标应当根据当事人的请求,作为处理涉及商标案件需要认定的事实进行认定。商标驰名情况的认定有三个途径:由商标局在商标注册审查和工商局查处商标违法案件中予以认定;由商标评审委员会在商标争议案件中予以认定;或者由最高人民法院指定的人民法院在商标民事、行政案件审理中予以认定。商标被认定为驰名商标,也是经营者的商品或服务"积攒人品"的结果,比普通商标具有更强的保护效果,未注册的驰名商标可以排除相同或类似的商标申请,已注册的驰名商标甚至可以排除不相同或不类似的商标申请呢。

**王总**:太好了!我的"王小弟"也要争取成为"中国驰名商标"!

**博士**:给自己设定理想的目标当然

好，但要使企业的品牌真正能够家喻户晓、"中国驰名"绝非易事。除保持或提升奶糖本身的品质外，还需要长远的商标战略规划，并需要长期、持续的推广和宣传，保持好的经营状态，你必须做好充分的准备才行。需特别提示，被认定后的"驰名商标"字样不能用于商品或服务的包装、广告宣传、展览等商业活动中。

**王总**：知道了。我一定把"王小弟"商标的"攒人品"工作做到位，一定让大家都知道和认可我的产品。

**博士**：获得驰名商标认定后，可以防止别人"搭便车"，维权依据更扎实。

# 商标注册申请流程及限制

**郝问**：博士，申请商标注册要到哪个机构去办理呀？

**王总**：这个我知道，到国家工商行政管理总局商标局去申请。

**博士**：对，国家工商行政管理总局商标局负责商标的管理、审批。此外，注册商标也可以通过电子方式申请了，具体方式可通过商标局网站（http://sbj.saic.gov.cn/wssq/）的指引进行。

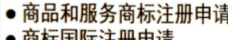

- 商品和服务商标注册申请
- 商标国际注册申请
- 证明商标和集体商标注册申请
- 特殊标志登记申请
- 变更、续展、转让注册申请
- 异议申请
- 商标使用许可合同备案申请
  ......

**郝问**：博士，注册商标申请是不是也和专利申请一样，需要经过一系列审批流程啊？

**博士**：是的。申请注册商标也要经过形式审查、实质审查、初步审定公告、核准注册等流程。此外注册商标也有提出异议、商标复审以及诉讼等救济程序。国内商标注册和国际商标注册流程各有不同，详见流程图。

**王总**：我听说商标的设计也很有讲究呢！是这样吗？

**博士**：是的。商标的设计，主要是满足"显著性"要求，与现有的商标不相同或不类似是基本要求，当然，越有创意的商标设计被核准注册的概率越大。设计商标时，还要特别注意，有些标志不能作为商标使用或作为商标注册，具体参照《商标法》第10条和第11条的规定。违反法律的规定，商标设计即使再讲究，商标注册申请也会被驳回。但同时，人用药品和烟草类商品必须注册商标后才能销售。

**郝问**：确实有道理！我感觉申请商标还是蛮复杂的。

**王总**：我的"王小弟"商标就是委托商标代理机构申请的……

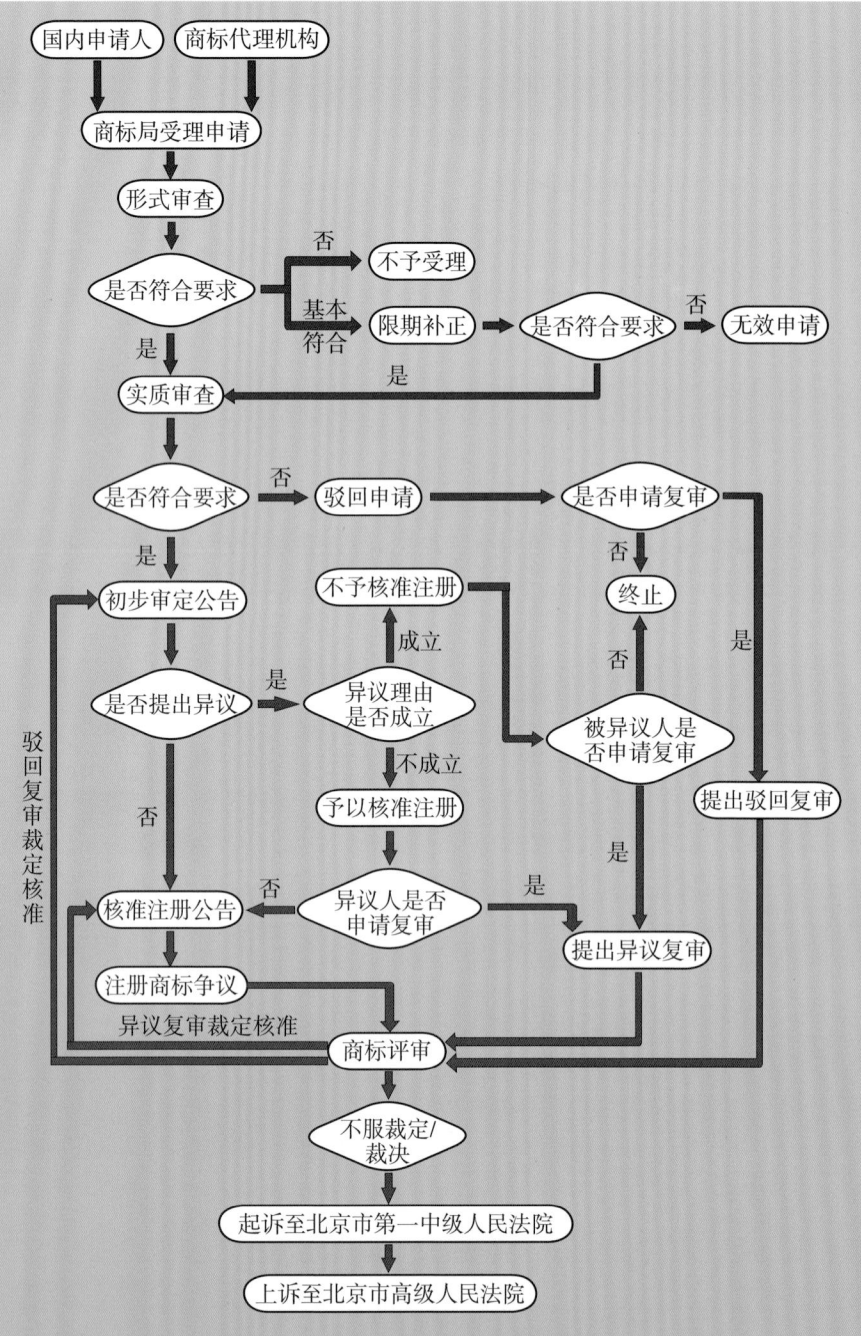

**国内商标注册流程**

参见：http://sbj.saic.gov.cn/sbsq/zclct/.

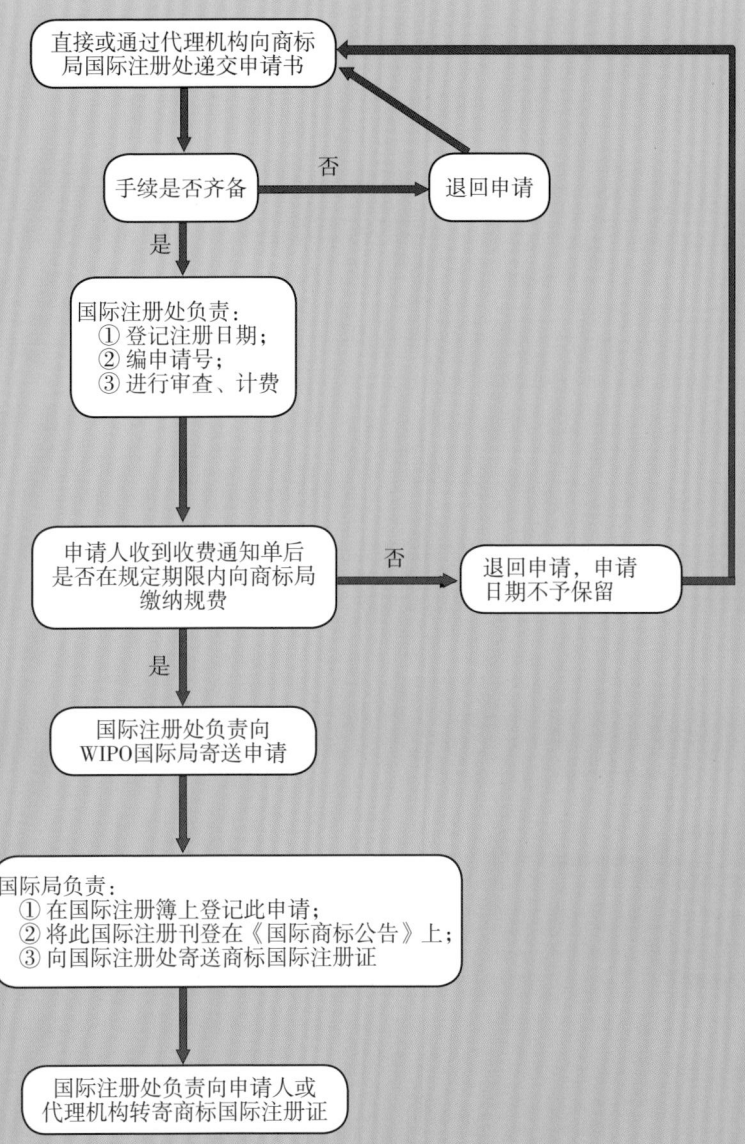

**国际商标注册简要流程**

参见：http://sbj.saic.gov.cn/sbsq/sbzn/20090110-68034.html.

**王总**：现在国家鼓励企业"走出去",我的奶糖产品准备打入国际市场,这"王小弟"商标到国际上也能用吗?

**博士**：王总提到的是涉外商标注册问题了。知识产权保护有地域性限制这个特点。如果产品投放到海外市场,需针对具体的国家或地区申请注册商标保护。涉外商标注册一般有两个途径:一是分别向各国商标主管机关申请,二是通过马德里商标国际注册渠道申请。

**王总**：马德里商标国际注册渠道指的是什么?

**博士**：商标国际注册马德里体系是基于《商标国际注册马德里协定》和《商标国际注册马德里协定有关议定书》的一种国际商标注册体系,由 WIPO 管理。王总可考虑通过这种便捷途径将你的"王小弟"商标在你的目标市场国家或地区申请注册保护。

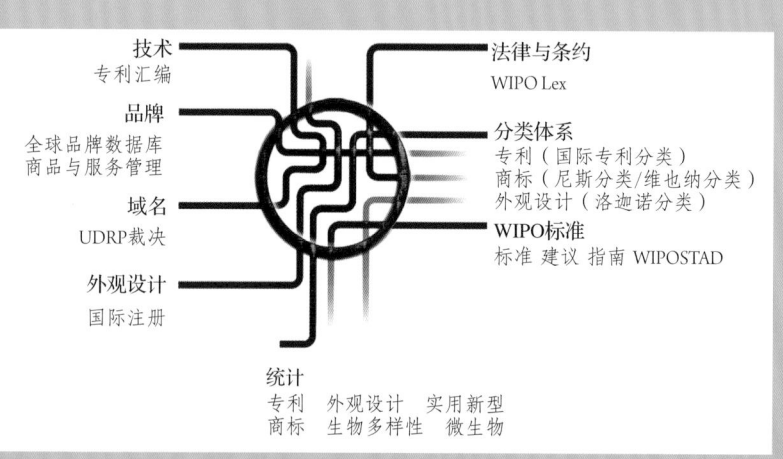

WIPO组织架构
参见：http://www.wipo.int/wipogold/en/.

商标权

## 商标使用与
## 注册商标的标注

**郝问**：博士，专利权是有期限的，商标权有期限吗？

**博士**：也是有的。注册商标的有效期为10年。在有效期满之后，若想继续使用，应当在期满前12个月内向商标局申请续展，在此期间未能办理的，可申请6个月的宽限期。商标续展次数不限，所以，连续使用的商标相当于没有期限限制，否则"同仁堂""欧米茄""奔驰"等都不可能成为百年品牌了。

**王总**：郝问提醒我了！我的"王小弟"商标到时候也要办续展，可不能忘了这事！

**王总**：还有个问题，有朋友说我这奶糖的"王小弟"商标笑脸大小和颜色

不太好看。我想改进一下设计，应该没问题吧？

**博士**：不行。自行更换商标及其他注册事项，可能会导致你的"王小弟"商标被撤销。获得商标注册后，就需要按照规范进行商标使用，还得提醒你，注册后连续3年不使用或者你的商标变为商品通用名称后，其他任何人都可以向商标局申请撤销你的注册商标呢。

**王总**：啊！这么严重。那什么是商标使用不当的行为呀？

**博士**：商标的注册和使用均需遵循诚实信用原则，以下行为都属于商标使用不当：法律规定必须注册的而不注册、违反规定使用标志、在超出核准注册的商品和类别上使用、将未注册商标假冒注册商标、将"驰名商标"字样用作宣传、擅自变更商标注册事项等。

**王总**：对了，我还有个问题问博士。印商标时为什么都要在商标的右上角加个"®"的标记呢？还有的标有"TM"或"SM"，申请商标时没有这个标记呀！

**博士**：嗯，这是国际通行的做法，符合规范的用法是将符号"®"或"注"置于注册商标的右上角或右下角。"R"是英文"Register"一词的首写字母，用以表明此商标是核准注册的商标。"TM"或"SM"则是Trade mark和Service mark的缩写，分别表示商品商标或服务商标，起提示作用。比较常见的是已提交注册申请的商标上会用"TM"，这是商标权人常有的使用习惯，但并无法律效力。

**郝问、王总**：原来是这样啊！

## 商标侵权纠纷及其解决途径

**王总**：博士，要是别人将我的注册商标用在他的奶糖产品上，我该怎样维护自己的合法权益呢？

**博士**：这属于侵犯商标权的典型行为，《商标法》第57条规定了其他侵犯注册商标专用权的几种行为，同时，第58条还规定了构成不正当竞争的行为。前面已经介绍过，我国的知识产权保护采用行政和司法两个体系。如果发现商标侵权行为或不正当竞争使用行为，你可以先行告知对方协商解决。协商不成的，可以向人民法院提起诉讼，或者请求工商行政管理部门处理。

**郝问**：和处理专利侵权的办法差不多，对吧？

**博士**：是的。

**王总**：用这几种不同的处理方式，结果有什么不同呢？

**博士**：结果的不同主要体现在侵权者承担的责任上。协商解决承担的是民事责任，停止侵权、赔偿损失即可；经工商部门处理的，除停止侵权外，侵权者还会被处以罚款，没收、销毁侵权商品、工具等行政处罚；侵权行为还可能构成刑事犯罪，要承担刑事责任，除被处罚款外，还将根据具体情节，被判处管制、拘役甚至最高刑期7年以下有期徒刑。

**郝问**：侵权行为可耻！王总，你要注意保护自己的商标权，更要注意别侵了别人的权啊！

图解知识产权 ABC

## 商品和服务分类与《尼斯协定》

**王总**：博士，之前你说为了方便查询和管理注册商标，管理部门会把商标进行分类，如果我的公司以后跨行业发展了，我的"王小弟"商标可以用到新的业务上吗？

**博士**：我们可以通过一份申请就多个类别的商品或服务申请注册同一商标，但超出核定使用的商品或服务范围之外，需另行申请注册。如果你想用"王小弟"商标冠名你公司的几种商品，要看核准注册的商品类别是否涵盖，如果是未被涵盖的商品或服务，就需再申请注册新的商品或服务种类了。

**郝问**：注册商标分类的依据是什么呢？

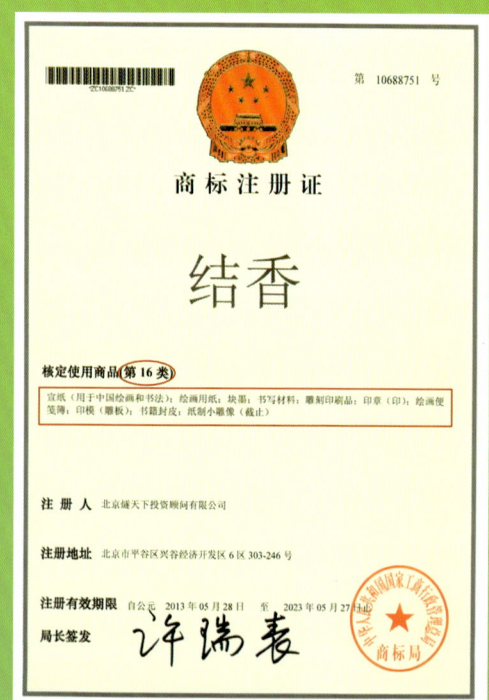

56

**博士**：为了商标检索、审查、管理工作的需要，将共同属性的商品组合到一起，编为一个类，如此将所有商品及服务共划分为45个类别，就形成了"商标注册用商品和服务分类"。这是申请注册商标分类的依据。

**王总**：商品和服务商标共分为多少类啊？

**博士**：目前国际通用的尼斯分类表，共有45类，其中商品商标34类，服务商标有11类。

**郝问**：啥叫"尼斯分类表"？

**博士**：尼斯分类表是根据《尼斯协定》（全称《商标注册用商品和服务国际分类尼斯协定》）的一种分类法，尼斯分类表包括两部分：一部分是按照类别排列的商品和服务分类表，一部分是按照字母顺序排列的商品和服务分类表。

## ★ 小 资 料

### ▫ 商标与商品/服务名称、企业名称、域名的区分

● 商标与商品/服务名称：商标是专有和独占的，后者可通用。

● 商标与企业名称：企业名称在工商登记中标示企业主体的名称，获得企业名称并不代表可作为商标使用，需将其注册后才能成为商标。

● 商标与域名：域名是一种由数字或字母组成的互联网地址，如将他人的注册商标抢注为域名，将构成侵犯商标权的行为或不正当竞争行为。

### ▫ 商标申请书式

商标申请书式，就是规范化的各种商标注册申请文件格式，包括填写项目和注释（填写要求）。商标申请人或商标代理机构规范化填写和提交申请书式，有助于商标的受理和审查，维护商标申请人的合法权益。

国家工商行政管理总局商标局于2010年修订了各种商标申请书式，规范了商标注册申请文件的填写要求，目前形成32种申请书式。可从中国商标网（http://sbj.saic.gov.cn/sbsq/）了解修订情况，查询和下载各种申请书式。

### ▫ 侵犯注册商标专用权的行为

● 未经商标注册人的许可，在同一种商品上使用与其注册商标相同的商标的。

● 未经商标注册人的许可，在同一种商品上使用与其注册商标近似的商标，或者在类似商品上使用与其注册商标相同或者近似的商标，容易导致混淆的。

● 销售侵犯注册商标专用权的商品的。

● 伪造、擅自制造他人注册商标标识或者销售伪造、擅自制造的注册商标标识的。

● 未经商标注册人同意，更换其注册商标并将该更换商标的商品又投入市场的。

● 故意为侵犯他人商标专用权行为提供便利条件，帮助他人实施侵犯商标专用权行为的。

● 给他人的注册商标专用权造成其他损害的。

# 著作权

## 第4章

作品、著作权与著作权人
作品传播者与邻接权
著作权合同与著作权人的权利限制
著作权登记
著作权集体管理
著作权侵权纠纷及其法律责任
小　资　料

# 1 作品、著作权与著作权人

扫描、上传，销售或免费下载。

**博士**：郝问，在看什么呢，这么专注？

**郝问**：在看李作家写的书呢，真精彩啊！正好我有个朋友是在网上开书店的，把这本书扫描一份上传过去，肯定受欢迎！

**李作家**：这个……

**博士**：这样做可不行。李作家的书有著作权，你这样可是侵权哦！

**郝问**：啊！是吗？李作家，真是对不起啊！

**李作家**：没关系。正好今天博士有空，咱们一起来跟博士学习一下有关著作权的知识吧。

**郝问**：对对对，免得不小心犯错。

**博士**：著作权又称"版权"。是指作者对其创作的文学、艺术和科学技术作品所享有的一种民事权利。包括人身权（发表权、署名权、修改权、保护作品完整权）与财产权（复制权、发行权、出租权、展览权、表演权等多项）。例如，李作家的小说作品交付出版，就表示她在行使发表权，以及授予出版社关于小说的复制权、发行权，甚至包括信息网络传播权等权利。又如，李作家的诗歌被现场朗诵，这是她的表演权的行使体现。

**郝问**：博士，您所说的作品包括哪些呢？

**博士**：著作权法意义上的作品是指文学、艺术和科学领域内具有独创性并能以某种形式固定的智力劳动成果。具体来说，李作家写的书属于文字作品；我们听的音乐、歌曲，看的电影、戏剧、舞蹈、杂技等属于艺术作品；还有美术、建筑、摄影作品，以及地图、工程设计图、产品设计图、计算机软件等都是属于著作权保护范围内的作品。

**郝问**：原来这些都有著作权啊！那我下回可得注意了，千万不能随便乱传播。对了，我有个问题，李作家的书的著作权肯定是李作家的，但要是一个作品是一个集体或组织一起创作出来的，那著作权该归谁啊？

**博士**：一般来说，著作权归作者所有。这里所说的作者是指在作品上署名的组织或个人。所以不单指个人，还包括组织。一个集体共同创作的作品，作者当然是整个集体啦！当然，还有在委托创作情况下，创作者可以享有署名权，但除此之外的其他著作权都归委托方享有。

**李作家**：著作权是不是只属于我们这些创作者？

**博士**：不全是。著作权除作者外，还有其他主体。比如通过汇编、演绎等方式对作品进行再创作的自然人、法人或组织，还有通过继承、转让、赠与等方式获得作品著作权的组织或个人，他们都可以依法享有著作权。例如，你爷爷的国画作品，你可以通过继承方式享有著作权。

**李作家**：哦，这样啊。那么著作权的保护期有多长呢？

**博士**：著作权保护期是针对作品的发表权和财产权的一种法定期限，作者的署名权、修改权和保护作品完整权并不受保护期限制。

著作权的保护期：一般情况都是作者终生及其死亡后50年；邻接权的保护期为首次发生（表演、制作、播放）后50年；图书和期刊的版式设计的保护期为首次出版后10年。

## 作品传播者与邻接权

**郝问**：博士，我有个疑问。电影著作权属于谁，演员对电影作品可以主张权利吗？

**博士**：电影的著作权属于制片人。但演员属于表演者，只能针对他在一部电影中的表演主张权利。这就涉及表演者的权利问题了。一般而言，出版者、表演者、录音录像制作者、广播电台、电视台等享有的权利称为邻接权，是依据英文"neighboring right"翻译而来，意思是与著作权邻近的权利。如出版者针对图书和期刊版式设计的权利；表演者针对其表演，录音录像制作者针对其制作的视听制品，广播电台和电视台针对其制作的广播或播放的制品享有的相应权利。邻接权的行使都是以获得原作品权利人的授权为基础的。

**郝问**：难怪有新闻说歌手也会因为著作权状告一些电台或电视台呢！

**博士**：这种情形，歌手是表演者，具有双重身份，一是词、曲著作权的被许可人，需要取得词、曲作者的授权，但同时又是其歌曲表演的邻接权人，广播电台或电视台播放其表演需要取得其授权。当然，创作型歌手既是词、曲作品的著作权人，也是表演者权人，可以不受他人授权的限制了。

**李作家**：哦，这样啊。这邻接权看起来与传播者相关，与我没什么太大关系吧。

**博士**：当然有关系。你是原作品的著作权人，作品传播者或演绎创作的机构、个人都要取得你的同意，并且还要支付费用呢！

**李作家**：看来著作权的问题也不简单呢。正好前段时间有个影视公司要跟我合作，想把我的小说改编成一个电视连续剧，我真得好好学习学习这方面的知识。

# 3 著作权合同与著作权人的权利限制

**郝问**:哈,李作家的小说要被拍成影视剧了呀?你已经授权给那家影视公司了吗?

**李作家**:初步谈好了,下一步我还不知该怎么做呢?

**博士**:这就涉及著作权合同的约定事项了。著作权合同大致包括著作权许可合同和转让合同,具体的许可授权和转让约定事项,可由双方自由约定。

**李作家**:我如果跟影视公司签合同,应该注意哪些事情?

**博士**:一般需注意以下几点:小说的改编由谁来完成,如果是他人完成,他人行使的权利都应该由你来授予,授予的权利要写清楚；关于影视公司能不能再转授权，以及你的授权是不是专有也要写清楚；签合同后建议进行登记备案，以对抗第三人；如果是以你的畅销小说入股影视公司的，那就需办理出质登记。

**郝问**：听你们聊了那么多，我想知道李作家在享有一些权利的同时，会不会受到什么限制？

**李作家**：这个我也想知道。

**博士**：《著作权法》规定了著作权人行使著作权、相关权人行使相关权，不得违反宪法和法律、不得危害公共利益。此外，基于知识的传播考虑，《著作权法》对著作权和邻接权的行使设立了一定的限制，即合理使用制度和法定许可制度。

**郝问**：哪些使用方式才符合合理使用呢？

**博士**：这需要学习《著作权法》第22条的规定。另外，法定许可规定在《著作权法》第23条、第33条第2款、第

40条第3款、第43条第2款和第44条中，大家可以了解一下。

**郝问**：为什么要有这些限制呢？

**博士**：著作权及相关权的行使限制目的在于建立起合理的利益平衡机制。对作品的使用平衡了作者、传播者以及公众之间的利益，在保护和激励创作的同时也能不断促进知识的传播和文化的繁荣。

**郝问、李作家**：明白了！

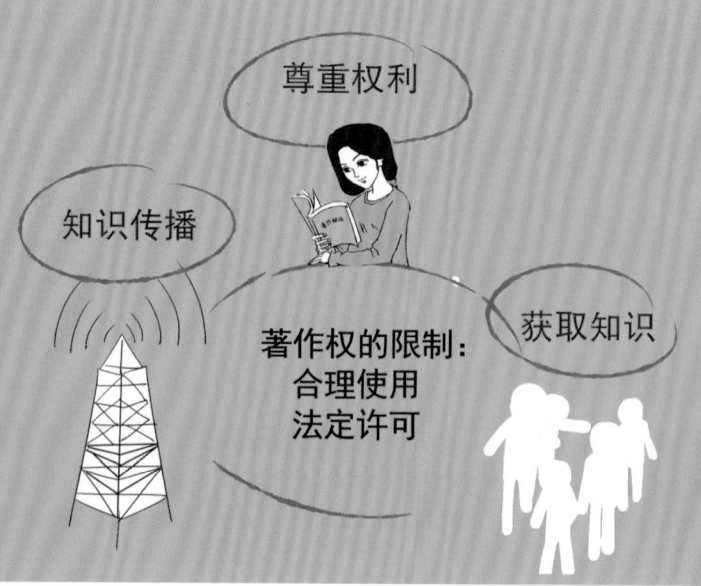

著 作 权

# 著作权登记

**李作家**：博士，作品的著作权不是自动产生的吗？为什么我听说还有著作权登记一说呢？

**郝问**：是啊，这不是有矛盾吗？

**博士**：作品一旦创作完成，根据《伯尔尼公约》的规定，作者自动享有著作权是没错的。著作权登记的作用在于为著作权行使、交易或许可提供一种证明机制，明确权利归属。登记文书仅可为证明权利归属提供初步证据。著作权登记与著作权自动产生并不矛盾，虽然是民事私权，但经过官方登记这一机制，权利归属的证明更为有效，可以保证权利状态的稳定，降低交易成本。

禁止出版、无著作权和公有领域作品不被受理哦！

**李作家**：那么著作权登记涉及哪

些规范、机构，怎样操作？

**博士**：著作权登记的法律依据目前有《作品自愿登记试行办法》和《计算机软件著作权登记办法》。主管机构是中国版权保护中心（CPCC）。中国版权保护中心著作权登记部负责办理作品著作权登记工作。著作权登记的一般流程如下：

填写申请表→提交申请文件→缴纳申请费→登记机构受理申请→补正申请文件（非必须程序）→取得登记证书。

**郝问**：进行著作权登记的作品类型都有哪些呢？

**博士**：目前的著作权登记分为两种：计算机软件著作权登记、作品著作权和合同登记。但是，以下作品不能登记：依法禁止出版、传播的作品；不享有著作权的作品；超过保护期限的作品。

## 著作权集体管理

**郝问**：李作家怎么了，为什么一副闷闷不乐的样子？

**李作家**：唉，现在最让我头疼的事就是著作权的维权了。最近经常碰见的情况是我的文章被转载，转载方联系不到我或者根本不联系我，我自己一家家去交涉，弄得身疲力乏。

**博士**：你可以申请加入中国文字著作权协会呀，通过著作权集体组织的管理，这些头疼的事就简便多了。

**李作家**：以前倒是听说过文著协，但是具体做什么不太了解。原来著作权还可以集体管理呢？

**博士**：是的。著作权集体管理是基

于著作权的行使、交易和许可便利而形成的一种权利行使机制，其目的正是为了解决版权交易信息不对称，保护作者权益，促进作品传播。

**郝问**：除了文著协，我还听说过音著协呢！

**博士**：嗯，中国音乐著作权协会也是我国目前已有的五家著作权集体管理组织之一。另外三家分别是中国音像著作权集体管理协会、中国摄影著作权协会和中国电影著作权协会。

**李作家**：这些著作权集体管理组织的主要工作有哪些？

**博士**：经权利人授权，著作权集体管理组织集中行使权利人的有关权利并以自己的名义进行的下列活动：与使用者订立著作权或者邻接权许可使用合同；向使用者收取使用费；向权利人转付使用费；进行涉及著作权或者与著作权有关的权利的诉讼、仲裁等。

**李作家**：嗯，看来加入组织，能省去我的很多麻烦。组织能帮我不少忙……

# 著作权侵权纠纷及其法律责任

**6**

**李作家**：目前盗版的情况比较严重，我想知道一旦发生侵权，有哪些途径维权呢？

**博士**：一般有以下途径：向著作权行政管理机关申请调处；向法院起诉；依据书面合同订立的仲裁条款申请仲裁。

**郝问**：侵犯著作权需要承担什么样的法律责任？

**博士**：侵犯著作权达到一定程度可能构成刑事犯罪。量刑标准依据《刑法》第217条主要有两档：一是违法所得数额较大或者有其他严重情节的，处3年以下有期徒刑或者拘役，并处或者单处罚金；二是违法所得数额巨大或者有其他特别严重情节的，处3年以上7年以下有

期徒刑，并处罚金。

**郝问**："数额较大"和"数额巨大"怎么区分？

**博士**：根据《最高人民法院关于办理侵犯知识产权刑事案件适用法律若干问题的意见》，非法经营数额在5万元以上认定为数额较大；非法经营数额在25万元以上认定为数额巨大。

**李作家**：被侵权后的赔偿数额有标准吗？该如何计算？

**博士**：有标准。著作权侵权纠纷发生后，判定侵权人承担赔偿责任过程中，计算赔偿额一般按照以下标准和顺位进行：

（1）按照权利人的实际损失确定赔偿额——如果难以确定，转为（2）；

（2）按照侵权人的违法所得确定赔偿额——如果难以确定，转为（3）；

（3）按照通常的权利交易费用的合理倍数确定——前三种方式如果都难以确定，转为（4）；

（4）法定赔偿额：100万元以下。

（5）两次以上故意侵权，分别依

据(1)~(4)种情形赔偿数额的2~3倍确定赔偿数额。

**李作家**:听您说完,我大致都了解啦。谢谢您!

## ★ 小 资 料

### ▣ 我国著作权法保护的作品

● 中国公民、法人或者其他组织的作品,不论是否发表,依法享有著作权。

● 外国人、无国籍人的作品根据其作者所属国或者经常居住地国同中国签订的协议或者共同参加的国际条约享有的著作权,受著作权法保护。

● 外国人、无国籍人的作品首先在中国境内出版的,依法享有著作权。

● 未与中国签订协议或者共同参加国际条约的国家的作者以及无国籍人的作品首次在中国参加的国际条约的成员国出版的,或者在成员国和非成员国同时出版的,受著作权法保护。

### ▣ 我国著作权法不保护的作品

● 法律、法规,国家机关的决议、决定、命令和其他具有立法、行政、司法性质的文件,及其官方正式译文。

● 时事新闻。

● 历法、通用数表、通用表格和公式。

### ▣ 侵犯著作权的行为

● 未经著作权人许可,发表其作品的。

● 未经合作作者许可,将与他人合作创作的作品当作自己单独创作的作品发表的。

● 没有参加创作,为谋取个人名利,在他人作品上署名的。

● 歪曲、篡改他人作品的。

● 剽窃他人作品的。

● 未经著作权人许可,以展览、摄制电影和以类似摄制电影的方法使用作品,或者以改编、翻译、注释等方式使用作品的,著作权法另有规定的除外。

● 使用他人作品,应当支付报酬而未支付的。

● 未经电影作品和以类似摄制电影的方法创作的作品、计算机软件、录音录像制品的著作权人或者与著作权有关的权利人许可,出租其作品或者录音录像制品的,著作权法另有规定的除外。

● 未经出版者许可,使用其出版的图书、期刊的版式设计的。

● 未经表演者许可,从现场直播或者公开传送其现场表演,或者录制其表演的。

● 其他侵犯著作权以及与著作权有关的权益的行为。

# 其他知识产权

## 第 5 章

植物新品种权
集成电路布图设计专有权
地 理 标 志
商业秘密与反不正当竞争
传 统 资 源
小 资 料

# 1 植物新品种权

**郝问**：博士，感谢您这么多天来的细致讲解，让我对专利权、商标权、著作权都有了基本认识。

**博士**：不客气。

**郝问**：我记得您说过，知识产权好像不止这三种吧？

**博士**：对，除了上述三种外，还有涉及植物新品种、地理标志、集成电路布图设计等各项知识产权，大家有兴趣的话，我来给大家做个介绍。

**发明哥**：《专利法》不是规定动物和植物品种不能授予专利权么，这植物新品种权又是怎么回事？

**博士**：新培育的植物品种是可以享有权利的，但是不属于专利权。《植物新品种保护条例》规定，经过人工培育的或者对发现的野生植物加以开发，具备"新颖性""特异性""一致性"和"稳定性"并有适当命名的植物品种可授予植物新品种权，权利人享有排他的独占权。

我们都是植物新品种

**发明哥**：嗯，这跟授予专利权所必须具备的"三性"不同，难怪不属于专利权。

**郝问**：既然是授权，都有些什么授权条件，是不是和专利授权审批程序相似啊？

**博士**：关于植物新品种的授权条件，《植物新品种保护条例》第13~18条规定了授权条件，与专利授权类似。而关于审批流程，品种权的授权审批流程与专利审批有一定的相似度，但不完全相同。具体流程如下图所示。

# 图解知识产权 ABC

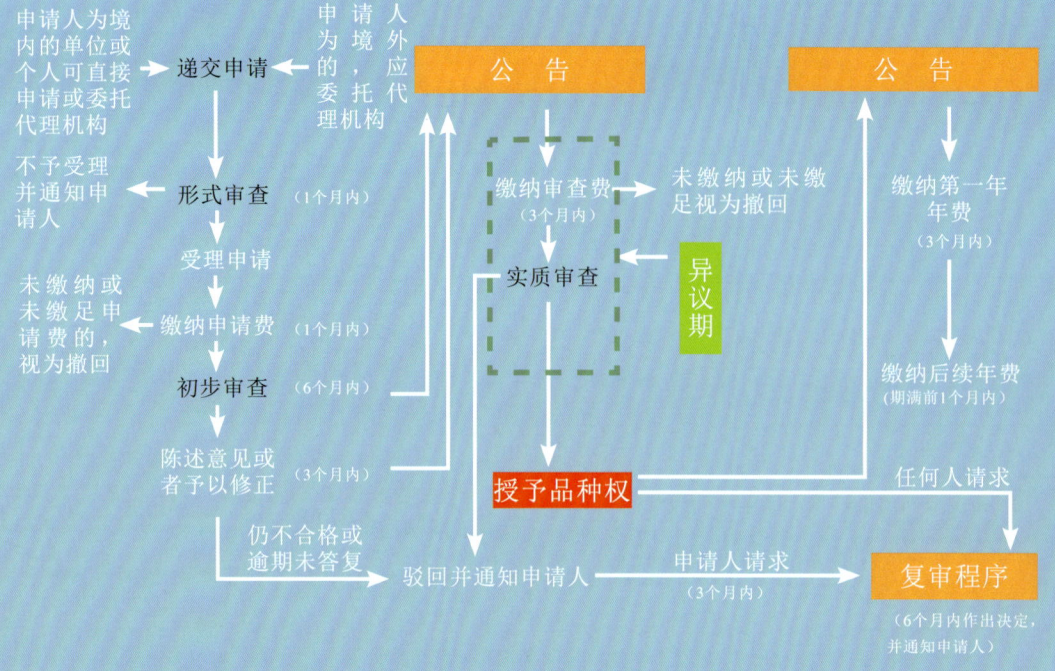

植物新品种权审批流程

参见：http://www.cnpvp.net/root/iitemview.aspx?id=182.

**发明哥**：这个品种权是由国家知识产权局来审批吗？

**博士**：目前，主管植物新品种权主要由国家林业局植物新品种保护办公室（也称"国家林业局科技发展中心"，网站：http://cnpvp.net）和农业部植物新品种保护办公室（网站：http://www.cnpvp.cn）负责审批和管理，大家可登录网站进行了解名录及申请保护等操作。

**郝问**：植物新品种权也会涉及国际保护协调的问题吗？

**博士**：依据1961年在巴黎签订的《国际植物新品种保护公约》，已成立植物新品种保护国际联盟（UPOV）负责承担植物新品种的国际保护协调问题。UPOV属于政府间组织，总部设在日内瓦，旨在鼓励植物新品种的发展，促进植物新品种的有效保护。

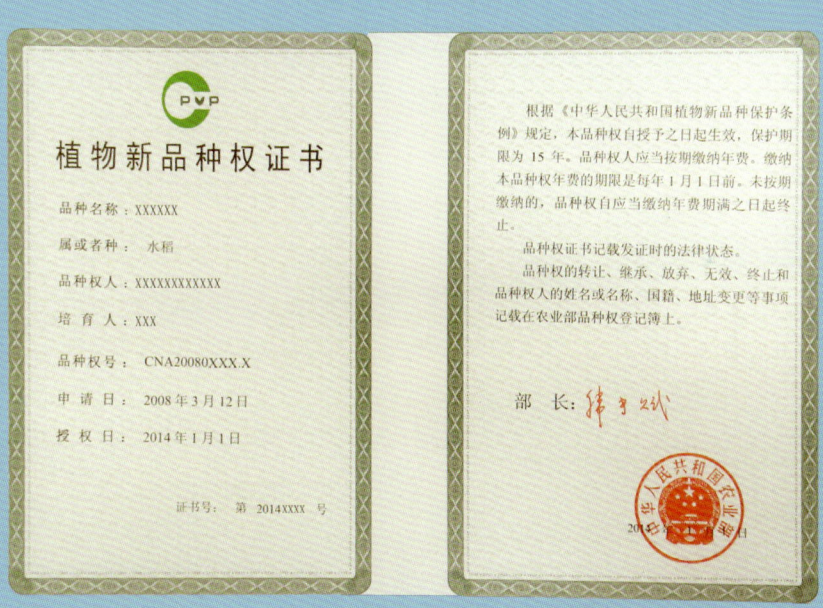

## 集成电路布图设计专有权

**发明哥**：我对植物不了解，这植物新品种权跟我没太大关系。我想知道，还有没有跟我关系比较密切的知识产权类型？

**博士**：嗯，那我们说说集成电路布图设计吧，你可能对这个话题感兴趣。

**发明哥**：您请说。

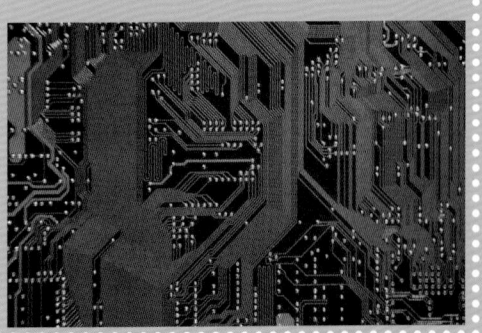

**博士**：集成电路中至少有一个是有源元件的两个以上元件和部分或者全部互连线路的三维配置，或者为制造集成电路而准备的上述三维配置。又称为"掩膜作品"或"拓扑图"，一般会应用于计算机、通讯设备、家用电器等电子产品。

**发明哥**：听起来很像专利权的范

畴啊！

**博士**：有一定关联，但集成电路布图设计本质上是一种图形设计，并非是工业品外观设计。加上此种图形设计表现方式有限，难以达到发明创造应具备的"实质性特点和进步"创造高度，而专利申请审批的周期较长，不利于集成电路技术的推广和应用，所以不适合通过专利法予以保护。

**李作家**：既然是图形设计，那就应该属于作品，能适用著作权法来进行保护吗？

**博士**：集成电路布图设计的表达具有有限性甚至是唯一性，"独创性"不足，多有重合的设计，而且集成电路布图设计更新换代较快，若用著作权法来保护布图设计，会因为著作权的保护期过长而不利于集成电路产业的发展。

**郝问**：嗯，虽然看起来很像，但还是有不少区别的。

**博士**：目前大多数国家和地区都通过专门的单行法确认布图设计的专有

权,予以规范和保护,并订立了《关于集成电路知识产权条约》(1989年文本)。咱们国家出台了《集成电路布图设计保护条例》及其实施细则对集成电路布图设计专有权进行保护。

**郝问**:集成电路布图设计专有权包括哪些内容呢?

**博士**:具体包括复制权和商业使用(以进口、销售或其他方式提供)的权利。

**发明哥**:怎样才能获得集成电路布图设计的权利保护呢?

**博士**:集成电路布图设计专有权是通过登记产生的,由国家知识产权局颁发"集成电路布图设计登记证书"后,享有10年的专有权保护期。

**发明哥**:听起来不错,有机会我也设计一个集成电路布图去!

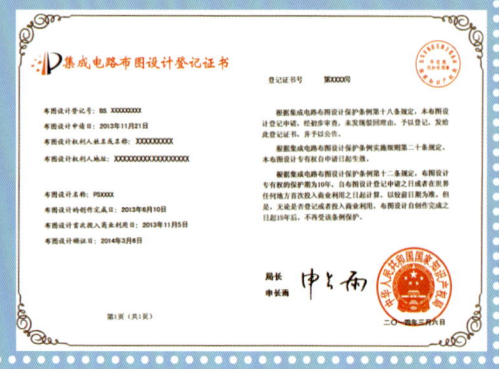

84

其他知识产权

# 3 地理标志

**博士**：下面要介绍的这个知识点和商标的关系很紧密哦！

**王总**：哦？那我可得仔细听听。

**博士**：王总经营自己品牌，应该对地理标志有所了解。地理标志，是指标示某商品来源于某地区，该商品的特定品质、信誉或者其他特征，主要由该地区的自然因素或者人文因素所决定的标志。

**王总**：我还是不太明白地理标志和商标有什么关系。

**博士**：还记得我跟你提到过的证明商标或集体商标吗？地理标志可以作为证明商标或集体商标申请注册。

**王总**：哦！原来是这样！那地理标志作为商标的注册和保护和一般商标有差别吗？

**博士**：根据《集体商标、证明商标注册和管理办法》的规定，集体商标和证明商标的注册和管理具体流程如下图所示。

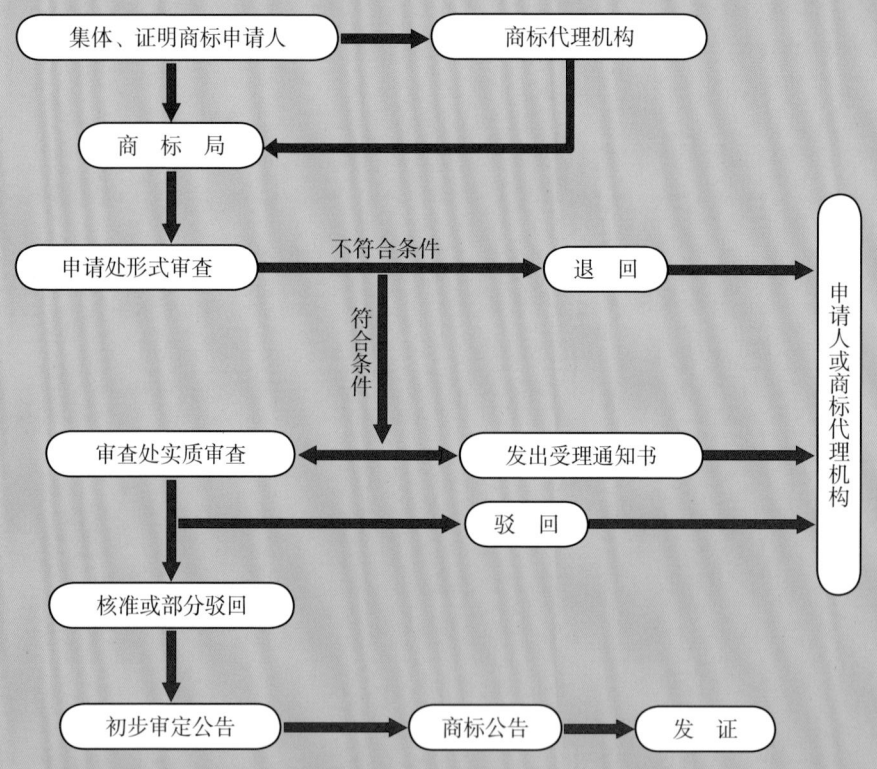

证明商标、集体商标注册申请简要流程

参见：http://sbj.saic.gov.cn/dlbz/zsjt/201203/t20120312_124797.html。

**郝问**：博士，地理标志最早有哪些类别啊？能不能列举一些实例？

**博士**：好啊！特定地域产品的保护，早期主要集中在农产品、食品、葡萄酒、烈性酒几类，以产地（货源）标记或原产地名称注明，如"香槟""法国干邑""苏格兰威士忌""龙舌兰酒"等。国内地理标志产品，例如"茅台酒""龙井茶""湘莲"等。需要注意的是，被认定为中国地理标志的产品，需使用"中国地理标志"专用标志。此外，涉及农产品的地理标志产品，根据《农产品地理标志管理办法》规定，需使用"农产品地理标志"专用标志。

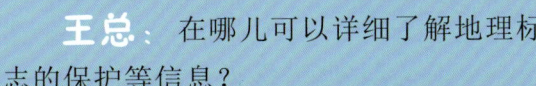

**王总**：在哪儿可以详细了解地理标志的保护等信息？

**博士**：关于地理标志保护，我国目前主要有三个体系，分别由农业部、国家质量监督检验检疫总局、国家工商行政管理总局主管。这些部门的网站上都可以查询得到哦。

# 4 商业秘密与反不正当竞争

**王总**：博士，我还想了解一些有关商业秘密和反不正当竞争的内容。

**郝问**：对哦，这好像是近段时间很热的一个话题呢！

**博士**：知识产权的保护基本分为权利保护和反不正当竞争保护两种模式。相对专利权，商业秘密是另一种保护的选择。关于商业秘密的保护，主要由《反不正当竞争法》和传统民法进行规范。此外，涉及犯罪的，《刑法》也规定了侵犯商业秘密罪及刑事责任。

**发明哥**：专利权会对技术成果进行公开，但像商业秘密这样不公开技术，谁知道哪些智力成果会构成商业秘密呢？

**博士**：商业秘密，是指不为公众所知悉、能为权利人带来经济利益、具有实用性并经权利人采取保密措施的技术信息和经营信息。关于商业秘密的界定，在《反不正当竞争法》和《刑法》中均有体现。最高人民法院的相关司法解释也对侵害商业秘密的行为给出了相关规定。商业秘密并不单纯指未公开的技术信息，在现代商业环境下，商业秘密更为重要的方面是经营信息，例如管理诀窍、客户名单、货源情报、产销策略、招投标中的标底及标书内容等信息。

**王总**：如此看来，商业秘密的保护范围更宽了。

**博士**：商业秘密的保护，实质涉及合同或侵权法律关系的调整。商业秘密属于未类型化的法益，不能形成具体的某一种权利，只能依赖企业在合同管理或保密机制的健全和完善进行前期预防。

# 5　传 统 资 源

**李作家**：我最近很想研究民间文学艺术，这也是知识产权保护的对象吧？

**博士**：你说的没错，民间文学艺术和遗传资源、传统知识一起，被称为"传统资源"，它们也都属于知识产权保护的范畴。

**郝问**：什么是民间文学艺术？

**博士**：民间文学艺术通常是指在某一国家领土范围内可认定由该国国民或种族群落创作的、代代相传并构成其传统文化遗产之基本组成部分的全部文学、艺术与科学作品。这是1976年联合国教科文组织和世界知识产权组织在突尼斯通过的《为发展中国家制定的样板版权法》中对"民间文学艺术"的解释。

**李作家**：我国的民间文学艺术作品有哪些形式呢?

**博士**：一般包括:

（1）口头表达形式，如民间传说或寓言、笑话等；

（2）音乐表达形式，如民歌、民间乐曲等；

（3）活动表达形式，如民间舞蹈、民间风俗等；

（4）民间工艺形式，如蜡染、织锦等，以及其他的表达方式。

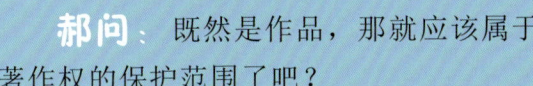

**郝问**：既然是作品，那就应该属于著作权的保护范围了吧？

**博士**：这个比较复杂。从本世纪初开始，突尼斯、阿尔及利亚、智利、刚果等20多个发展中国家提出给民间文学艺术作品以著作权的法律保护。但多数国家，特别是美国、英国、法国、日本等发达国家的著作权法，都没有规定保护民间文学艺术作品，不承认民间文学艺术作品享有著作权。

**郝问**：民间文学艺术作品应该也有作者吧？有作者，著作权的问题不就解决了吗?

**博士**:民间文学艺术的创作过程是一个缓慢的过程,而且这个过程始终处在发展和完善之中,这就使得一件民间文学艺术作品往往是经过几代人的演绎创作而丰富起来的,因而作者往往是某一群体且身份不易确定。正因为如此,对于民间文学艺术作品的保护要比一般作品更为困难和复杂。

**李作家**:在承认民间文学艺术作品享有著作权的国家,著作权归属谁呢?

**博士**:一般规定民间文学艺术作品的著作权由政府主管当局行使。我国《著作权法》第6条规定:民间文学艺术作品的著作权保护办法由国务院另行规定。

**李作家**:我曾听说过《乌苏里船歌》著作权纠纷案,那应该就是涉及赫哲族民间文学艺术保护的案例了吧!

**博士**:对。这个案件的判决确认了《乌苏里船歌》是根据赫哲族民歌"改编"而来,也是首次确认了民间文学作品的权利归属。不过到目前为止,因为种种复杂因素的存在,涉及民间文学艺术表现形式的保存、传承和保护,我国也仅有2011年出台《非物质文化遗产法》予以规范。此外,联合国教科文组织(UNSECO)的非物质文化遗产专题也涉及传统知识和民间文学艺术的保护,大家有兴趣可进一步学习和了解。

**李作家、郝问**:看来知识产权跟我们每个人的联系真是挺密切的,时时处处我们都会遇到知识产权呢!跟博士在一起,就是长知识,长学问!

**发明哥、王总**:博士,多谢您给我们传授了这么多知识产权知识,以后还少不了要向您请教啊!

**博士**:大家别客气。有机会跟大家在一起,度过这段美妙的"知识产权时光",我感到格外开心……

United Nations Educational, Scientific and Cultural Organization

Intangible Cultural Heritage

★ 小 资 料

### 植物新品种授权条件

● 新颖性：是指申请品种权的植物新品种在申请日前该品种繁殖材料未被销售，或者经育种者许可，在中国境内销售该品种繁殖材料未超过 1 年；在中国境外销售藤本植物、林木、果树和观赏树木品种繁殖材料未超过 6 年，销售其他植物品种繁殖材料未超过 4 年。

● 特异性：是指申请品种权的植物新品种应当明显区别于在递交申请以前已知的植物品种。

● 一致性：是指申请品种权的植物新品种经过繁殖，除可以预见的变异外，其相关的特征或者特性一致。

● 稳定性：是指申请品种权的植物新品种经过反复繁殖后或者在特定繁殖周期结束时，其相关的特征或者特性保持不变。

### 我国关于地理标志保护的三个体系

● 根据《农业法》《农产品质量安全法》《农产品地理标志管理办法》的相关规定，由农业部批准登记农产品地理标志。

● 根据《商标法》《商标法实施条例》《集体商标、证明商标注册和管理办法》的相关规定，由国家工商行政管理总局批准作为集体商标、证明商标注册的地理标志。

● 根据《产品质量法》《标准化法》《进出口商品检验法》以及《地理标志产品保护规定》的规定，由国家质量监督检验检疫总局批准实施保护的地理标志产品。

### 构成侵犯商业秘密的行为

● 以盗窃、利诱、胁迫或者其他不正当手段获取权利人的商业秘密。

● 披露、使用或者允许他人使用以前项手段获取的权利人的商业秘密。

● 违反约定或者违反权利人有关保守商业秘密的要求，披露、使用或者允许他人使用其所掌握的商业秘密。

● 第三人明知或者应知前几种所列违法行为，获取、使用或者披露他人的商业秘密，视为侵犯商业秘密。